Fransisko de Kevedo
ŽITIJE VRDALAME

Urednik
JOVICA AĆIN

Ova knjiga prevedena je uz pomoć Generalne direkcije za knjigu, arhive i biblioteke Ministarstva za obrazovanje, kulturu i sport Kraljevine Španije

La presente edición ha sido traducida mediante una ayuda de la Dirección General del Libro, Archivos y Bibliotecas del Ministerio de Educación, Cultura y Deporte de España

FRANSISKO DE KEVEDO

ŽITIJE VRDALAME
PO IMENU DON PABLOS, PRIMERNOG PROBISVETA, SLIKE I PRILIKE MUFLJUZA

Prevela
ALEKSANDRA MANČIĆ

RAD

Izvornik

FRANCISCO DE QUEVEDO

*Historia de la vida
del Buscón
llamado Don Pablos
ejemplo de vagamundos y espejo de tacaños*
(1603–1604)

ŽITIJE VRDALAME

KNJIGA PRVA

GLAVA I

U kojoj pripoveda ko je Vrdalama

Ja sam, gospođo, iz Segovije; otac mi se zvao Klemente Pablo, rodom iz istoga mesta (Bog mu dao mira i pokoja!) Bio je, kao što kažu, po zanimanju berberin, mada je u misli ciljao toliko visoko, da ga je bilo stid što ga tako zovu, pa je govorio da obrađuje lica i kroji brade. Kažu da je bio od mnogo dobre loze, a koliko je pio, to je stvar u kojoj mu treba verovati. Bio je oženjen Aldonsom de San Pedro, ćerkom Dijega de San Huana i unukom Andresa de San Kristobala. U mestu nisu verovali da je stara hrišćanka (čak i kad je viđeše osedelu i satrvenu) mada je ona, imenima i nadimcima svojih predaka, htela da stavi do znanja kako potiče od blaženih. Bila je živa vatra i tiha voda, baš za advokata, žena s mnogo prijateljica i društva i malo neprijatelja, jer čak ni tri neprijatelja duše, svet, đavola i telo, nije za neprijatelje smatrala; osoba hrabra i poznata kao ono što jeste. Velike je muke pretrpela odmah po udaji, pa čak i potom, pošto su zli jezici govorili kako moj otac namešta da nju buše, a njemu da curi u džepove. Dokazali su mu da je svima kojima je on britvom bradu kresao, dok bi ih vodom ispirao, primakavši im lice umivaoniku, jedan moj bratić od sedam godina bez po muke pelješio džepove. Umre anđelče, od bičevanja u apsu. Mom je ocu to bilo mnogo žao, jer je bio takav da bi svakome umeo (i srce) da ukrade.

Zbog ovakvih i drugih detinjarija bio je u tamnici i strogi čuvari Pravde (od kojih čoveku nema odbrane) izvedoše ga na ulicu i postaviše na stub srama. Od pojasa naniže, ta su ga gospoda obilno darivala. Išao je na dugom povocu, na pitomom magarcu, žustrim krokom, odmereno i pod srećnom zvezdom. Ali od pojasa naviše, i tako dalje, nema šta više da se kaže, ako čovek zna šta dželatov bič može od rebara da napravi. Udeliše mu dvesta probranih komada, što mu se od tada pa za sledećih šest godina mogahu i kroz kožuh prebrojati. Više se mrdao onaj što ga je udarao, nego on sam, što je sve mnogo lepo delovalo. Malo se zabavio slušajući pohvale svome dobrome mesu, jer mu je crvena boja stajala kao salivena.

Zar moja majka onda nije imala nevolja? Jednoga dana, kad ju je preda mnom hvalila starica koja me je odgajila, reče da je toliko naočita bila, da bi začarala svakoga ko bi s njom pričao. Pa reče (ne bez uzbuđenja): „Svojevremeno, sinko, device su ti bile kao sunca, jedne osvanule, druge omrkle, a većinom, i osvanule i omrkle u istom danu." Bila je na glasu da krpi devojke, opalu kosu da obnavlja, sedine da pokriva; noge da bremeni lažnim listovima. A pošto s njom nije opštio niko kome kosa već nije bila opala, samo ćelave glave na njoj su počinule, što nije ni čudo kad je već perike pravila; u vilice je zube usađivala; a na kraju je živela od toga što je ukrašavala muškarce, i krpila tela; jedni su govorili da je krparka slasti; drugi, da pokleklu volju ume da podigne, a treći da spaja ljude; neki su je zvali i usklađivačica udova i tkalja telesa, a ružnim imenom, podvodačica. Za jedne je bila posrednica, za druge zvezda vodilja, ali bila je vreća u koju se slivao svačiji novac. Kad bi je čovek, dakle, video kako nasmejanog lica sve to sluša, došlo bi mu da se hiljadu puta Bogu na tome zahvali.

Veliki su sporovi vođeni između mojih roditelja oko toga čiji bi zanat trebalo da izučim, ali ja, koji sam od malih nogu razmišljao viteški, nikad se nisam privoleo ni jednome ni drugome. Otac mi je govorio: „Sine, lopovluk nije prost zanat, koji se radi rukama, nego slobodna veština." A malo posle, pošto bi uzdahnuo, rekao bi, sklopljenih ruku: „Ko na svetu ne krade, taj i ne živi. Zašto misliš da nas stražari i sudije toliko mrze? Jednom nas proteraju, drugi put nas išibaju, a neki put i obese? (Suze mi pođu na oči kad o tome pričam: plakao je dobri starac kao dete sećajući se koliko su mu samo puta prebrojavali rebra.) Zato što ne žele da, tamo gde njih ima, bude drugih lopova osim njih i njihovih službenika. Ali svega toga nas je oslobodilo dobro lukavstvo; kad sam bio mlad, stalno sam se zavlačio po crkvama, i to ne iz čiste hrišćanske vere, nego glavu da sklonim. Mnogo bi me puta na magarcu naterali da plačem, da sam samo propevao na zatvorskom drvenom ždrepcu. Nikad nisam ništa ispovedio ni priznao osim kada bi to od mene tražila Sveta Majka Crkva. Ali prosjačio sam po drumovima, pa zbog toga umalo konopac nisam omastio, i završio posla, sve u šesnaest maravedija: deset za konopac, a šest za konoplju. Ali od svega toga me je spaslo ono: prst na usta, jezik za zube, i kušuj. Uza sve to, i svoj zanat, izdržavao sam tvoju majku najčasnije što sam mogao.

– Kako si ti to mene izdržavao? (reče ona u velikom besu). Ja sam tebe izdržavala, iz apsane te izvlačila svojim lukavstvima, i u apsu te hranila svojim novcem; ako nisi priznavao, zar je to bilo zbog tvoje hrabrosti? Ili zbog pića koje sam ti ja donosila? Mojim napicima ti kaži hvala! A kad se ne bih plašila da će me čuti sa ulice, sad bih ispričala kako sam ušla kroz odžak i izvukla te preko krova."

Smirio sam ih, govoreći da sam čvrsto rešen da se naučim vrlini, i da u svojim dobrim namerama krenem napred; i da zarad toga treba da me daju u školu, jer ako ne znam da čitam i pišem, ništa neću moći da učinim. To što sam im govorio učini im se dobro, mada su se malo domunđavali među sobom; majka je ušla unutra, a otac je otišao da očerupa (tako je sam rekao) ne znam da li nečiju bradu ili džepove, a najverovatnije i jedno i drugo. Ostadoh sam, hvaleći Boga što me je učinio sinom roditelja koji toliko brinu o mome dobru.

11

GLAVA II

O tome kakva je bila škola i šta se u njoj dogodilo

Sledećeg dana već je bio kupljen bukvar i s učiteljem je sve dogovoreno; pošao sam, Gospođo, u školu; učitelj me primi s velikom radošću, govoreći da imam lice oštroumnog i pametnog čoveka. Ja sam zato, da ga ne uterujem u laž, baš lepo čitao toga jutra. Učitelj me je posedao kraj sebe, dobijao sam šibu u ruke većinu dana zato što sam dolazio ranije, a odlazio poslednji zato što sam obavljao neke poslove za Gospođu (jer tako smo zvali učiteljevu ženu). Takvim uslugama sve sam ih obavezao; previše su mi činili, pa su mi tako ostali dečaci sve više zavideli. Zbližio sam se, od sviju, baš sa sinovima plemića i uglednih ljudi, a naročito sa sinom don Alonsa Koronela de Sunjige, s kojim sam delio užine. Prazničnim danima odlazio sam njegovoj kući da se igramo, i svakog sam ga dana pratio. Ostali, bilo zato što s njima nisam razgovarao, bilo zato što sam im izgledao previše nadmen, stalno su mi izdevali imena u vezi sa zanatom moga oca. Jedni su me zvali don Secikesa, a drugi don Pijavica; neki bi govorio, da opravda zavist, da me ne voli zato što mu je moja majka isisala krv iz dve sestričice, tokom noći; drugi je govorio kako su mi oca odveli njegovoj kući da je očisti od miševa (samo da bi mi rekao da je spretan kao mačka). Jedni su mi vikali „šic!", a drugi me dozivali „mic, mic!". Poneki bi rekao: „Ja sam dva patlidžana bacio na njegovu majku kad su je kroz grad vodili kao popadiju."

Konačno, ma koliko se bacali blatom na mene, nikad me nisu izneverili, slava Bogu. Iako sam se stideo, skrivao sam to; sve sam podnosio, dok se jednoga dana neki dečak nije drznuo da mi u lice kaže da sam sin kurve i veštice; na to ja, pošto mi je sve tako jasno rekao (jer da mi je nešto mutio, ja bih se napravio blesav) dohvatih kamen i razbih mu glavu; otrčah majci da se sakrijem; ispričam joj šta je bilo; ona kaže: „Baš si dobro uradio, lepo si pokazao ko si; samo si pogrešio što ga nisi pitao ko mu je to rekao." Kad to čuh, pošto sam uvek o sebi tako dobro mislio, okrenuh se prema njoj i zamolih je da mi kaže mogu li istinom da ga uteram u laž, ili neka mi kaže: da li me je začela tako što su mnogi dali svoj prilog, ili sam sin svoga oca. Ona se nasmeja, pa reče: „Eh, ugursuze, to ti umeš da kažeš? Ne budi glup: baš si zabavan, i vrlo si dobro učinio što si mu glavu razbio, jer te stvari, čak i ako su istina, ne smeju da se govore." Ja na to ostadoh ni živ ni mrtav, pomislih da sam kopile iz zakonitog braka, i reših da na brzinu izvučem za sebe sve što mogu i napustim očevu kuću, toliko me je sramota satrla. Progutah suze, moj otac ode, zaleči momka, smiri ga, a mene vrati u školu, gde me je učitelj dočekao s ljutnjom, sve dok, čuvši razlog tuče, ne smiri svoj bes, imajući u vidu koliko sam bio u pravu.

Za sve to vreme, stalno me je posećivao onaj sin don Alonsa de Sunjige, koji se zvao don Dijego, jer me je po prirodi svojoj voleo. Naime, ja sam s njim čigre razmenjivao ako bi moje bile bolje, davao mu od svoga doručka a da mu nisam tražio od onoga što je on jeo, kupovao mu sličice, učio ga da se bije, igrao se s njim trule kobile, i uvek ga zabavljao. Zato su većinu dana roditelji mladoga plemića, videći koliko ga razgaljuje moje društvo, molili moje da me puštaju da kod njih ručavam i večeravam, pa čak i mnogo puta da prespavam.

Desi se tako, jednog od prvih dana kad je bilo škole po Božiću, da naiđe ulicom neki čovek po imenu Pontije Agire (koji je bio na glasu kao pokršteni Jevrejin) a don Dijegito mi reče: „Hej, dovikni mu Pontije Pilate, pa beži." Ja, da učinim svome prijatelju, viknuh onome Pontije Pilate. Onaj se čovek toliko postide, da potrča za mnom s nožem u ruci da me ubije, tako da sam morao da pobegnem u učiteljevu kuću, dižući dreku. Onaj čovek utrča za mnom, i učitelj me odbrani da me ne ubije, uveravajući ga da će me kazniti. Tako potom (mada ga je gospođa za mene molila, sećajući se koliko sam je dobro služio, ali nije bilo vajde) on naredi da skinem gaće, pa bi, dok me je šibom mlatio, posle svakog udarca rekao: „Hoćeš li još vikati Pontije Pilate?" Ja sam odgovarao: „Neću, gospodine"; odgovorio sam tako dvadeset puta, na dvadeset šiba koje mi je udelio. Toliko sam se naplašio da ne govorim Pontije Pilat, i toliko mi se strah u kosti uvukao, da, kada mi je sledećeg dana naredio (kako je imao običaj) da izgovorim molitvu pred ostalima, kad sam došao do Vjeruju (vidite, Vaša Milosti, kakva je bezazlena bila moja zloba) pa kad je trebalo da kažem „trpeo je pod vlašću Pontija Pilata", setivši se da više ne smem da govorim o Pilatu, ja rekoh: „trpeo je pod vlašću Pontija de Agirea". Učitelj se toliko zasmejao kad je čuo moju naivnost i video kakav strah mi je uterao, da me je zagrlio i dao mi potpisan papir na kojem je stajalo da mi oprašta šibu sledeća dva puta kada je budem zaradio. Time sam bio jako zadovoljan.

Uz takve detinjarije neko vreme sam proveo učeći da čitam i da pišem. Stigoše tako (da ne dužim) i Poklade pa, pošto je učitelj rešio da se njegovi dečaci zabave, naredio je da napravimo cara pevaca. Bacali smo kocku nas dvanaestorica koje je on izabrao, i ja sam izvukao. Rekao sam roditeljima da mi nađu svečano odelo.

Dođe dan, i ja iziđoh na nekom kao konju, bolje da kažem na živom drvenom konjicu, jer, kako je taj išao, od mene gore nije prošao ni sam Robert Đavo. Bio je siv s tamnim mrljama, a umrljao bi se svako ko bi ga uzjahao, pošto nijednu baru ne bi promašio. O starosti njegovoj ne treba reći ništa više nego da mu unuci već mlinove okreću. O rasi njegovoj ne znam ništa drugo da kažem osim da slutim da je bio jevrejski, toliko beše plašljiv i nesrećan.

Za mnom su išli ostali dečaci, svi udešeni. Pređosmo preko trga (i sad, kad se toga setim strah me uhvati) pa kad priđosmo blizu tezgama s povrćem (Bože me prosti) dograbi moj konj s jedne glavicu kupusa, i dok si trepnuo okom, već ju je do trbušine dobacio, a do tamo, kad se niz ždrelo skotrljala, nije dugo putovala. Piljarica (one su vam uvek bestidne) poče da se dere; pritekoše i druge, a sa njima i obešenjaci pa zamahujući ogromnim šargarepama, divovskim repama i stabljikama drugog povrća, počeše da mlate sirotog cara. Videh da se bitka povela krmilom, a čovek krmiti na konju ne može, pa krenuh da sjašem; ali tako mi raspališe konja po njušci, da se on prope, i pade zajedno sa mnom u neku (da izvinite) nužničku jamu. Vaša Milost može zamisliti kakav sam izišao. Već su se moji momci bili naoružali kamenicama, i gađali one nakupkinje, i dvema im glave razbili.

Ja sam uza sve to, pošto sam u nužničku jamu pao, bio najnužnija osoba u bici. Dođe straža, poče da se raspituje, da hvata piljarice i momke, da pregleda kakvo sve oružje imaju i da im ga oduzima, jer su i nekoliko bodeža bili isukali što su ih za ukras nosili, a neki i kratke mačeve. Stigoše do mene, pa videvši da nikakvog oružja nemam, pošto su mi ga uzeli i ostavili da se suši u nekoj kući zajedno s ogrtačem i šeširom, zatražiše od mene, kako rekoh, oružje, na šta ja odgovorih, sav prljav, da osim nasrtaja na njihove noseve, nikavog drugog oružja nemam. Hoću da priznam Vašoj Milosti da, kad su počeli stabljikama da me gađaju, i repama, i inim, pošto sam imao perje na šeširu, pomislivši da su me zamenili za moju majku i da me gađaju, kao što su to ranije činili, kao blentavog derana, počeh da govorim: „Posestrime, mada perje nosim, ja nisam Aldonsa de San Pedro, moja majka" (kao da one to nisu mogle videti po stasu i po licu). Izvinjenje za moje neznanje je bio strah, kao i to što me je nevolja tako iznenada snašla.

Ali, da se vratim na stražara, htede on u aps da me vodi, a nije me odveo zato što nije znao za šta da me uhvati (tako sam se bio ukaljao). Jedni odoše na jednu, drugi na drugu stranu, a ja se s trga vratih kući, stavljajući na muke svaki nos s kojim bih se usput sreo. Uđoh u kuću, ispričah roditeljima šta se desilo, i oni se toliko postideše kad me videše kakav sam došao, da htedoše da me umlate. Ja sam krivicu bacao na onu miljama dugačku osušenu ragu koju su mi dali; trudio sam se da im ugodim, pa videvši da to nije dovoljno, iziđoh iz njihove kuće i otidoh da vidim svog prijatelja Dijega, koga zatekoh u njegovoj, razbijene glave, a njegove roditelje rešene da ga usled toga više ne šalju u školu. Tu saznadoh kako se moja raga, videvši me u škripcu, napela i dva puta ritnula, pa od čiste slabosti, polomila obe noge, i posejala se za dogodine po onom blatu, već na izdisaju.

Kad videh kako sam upropastio slavlje, napravio ršum u selu, postideo roditelje, ostavio prijatelja s razbijenom glavom a konja mrtvog, reših da se više ne vraćam ni u školu, ni u roditeljsku kuću, nego da ostanem da služim kod don Dijega, ili bolje rečeno, da mu pravim društvo, i to na veliko zadovoljstvo njegovih, radi čega sam svoje prijateljstvo dečaku i poklonio. Pisao sam kući da više ne treba da idem u školu jer, mada nisam znao dobro da pišem, za moju se nameru da budem gospodin baš i traži da pišem slabo, i da se tako, naravno, odričem škole da im ne bih više trošak pravio, a i njihove kuće, da ih poštedim muka. Javio sam im gde i kako ostajem, i da ih neću videti sve dok ne budem bio otpušten.

GLAVA III

Kako je pošao u školu kao sluga don Dijega Koronela

Odluči, dakle, don Alonso da stavi svog sina u neku školu, jedno zato da bi ga odvojio od blagostanja, a drugo i zato da bi prištedeo na brizi. Saznao je da u Segoviji ima neki licencijat Kabra, kome je zanimanje bilo da odgaja plemićke sinove, pa tamo posla svojega, a mene da ga pratim i da mu služim.

Padosmo, prve nedelje posle Posta, pod vlast žive gladi, jer onakav škrtičluk nije moguće rečima ulepšati. Beše to trska u mantiji, dugačak a uskih grudi, sitne glave, očiju toliko blizu potiljka da je izgledalo kao da gleda kroz čabrice: toliko su bile duboke i mračne, da je to mesto moglo biti dobro za trgovačke radnje; nos kao u sveca, izjedenog vrha, kao da je u Francuskoj bio; ipak, ostao mu je krnj od bubuljica, a ne od poroka, jer da bi čovek dobio francusku bolest, treba da plati; brada prebledela od straha zbog blizine usta koja, od čiste gladi, kao da su pretila da će je pojesti; zuba mu je falilo ne znam koliko, a mislim da su mu ih proterali zbog besposlice i skitnje; šija dugačka kao u noja, s jabučicom toliko izbačenom da je izgledalo kao da je i sama pošla da traži nešto za jelo, priterana nuždom; dve sasušene ruke, šake kao dva snopića. Kad ga gledaš od pojasa naniže, izgledao je kao viljuška ili vile, s dve dugačke i tanke noge. Koračao je jako lagano; ako bi se malo razboleo, kosti su mu zveketale poput tablica svetog Lazara, što ih gubavci nose da najave svoje prisustvo. Govor, jektičav; brada velika, nikad je nije šišao da se ne troši, a sam je govorio da mu se toliko gadi kad vidi berberinovu ruku na svom licu, da bi pre pustio da ga ubiju nego da tako nešto dozvoli. Kosu mu je šišao jedan od nas, momaka. Nosio je četvrtastu kapu po sunčanom danu, izrovašenu na hiljadu mesta i začepljenu zalihama masti; beše od nečega što je nekad bilo platno, s postavom od peruti. Mantija, kako su neki govorili, beše čudotvorna, jer se nije znalo koje je boje bila. Jedni, videći je onako olinjalu, držahu da je od žablje kože; drugi govorahu da je to privid; izbliza je izgledala crna, a izdaleka nekako modra. Nosio ju je bez opasača; nije imao ni okovratnik, ni narukvice. Izgledao je u tome, s dugom kosom i mantijom i kapetinom, kao rutavi udeljivač poslednje pričesti na stratištu. Svaka mu je cipela mogla biti grob malog diva. A njegove odaje? Pauka još i nije bilo. Rasterivao je miševe u strahu da mu ne izglođu one mrve što ih je čuvao. Krevet mu beše na podu, i uvek bi spavao s jedne strane, da ne troši čaršave. Ukratko, beše to jedan arhijadnik i protobednik.

Takvome ja, dakle, dopadoh šaka, i u njegovim šakama ostadoh s don Dijegom, i one noći kad stigosmo, on nam pokaza gde su nam odaje i održa nam kratku pridiku, koja nije trajala dugo, da ne bi trošio vreme. Reče nam šta imamo da radimo. Time smo se bavili sve do večere. Otidosmo tamo; gospodari su jeli prvi, a mi sluge smo služili.

Blagovaonica beše soba u obliku pole od merice. Za jedan sto selo bi po pet plemića. Ja prvo potražih mačke, pa pošto ih ne videh, upitah nekog starog slugu, koji je, onako mršav, već na sebi nosio pečat školovanja, kako to da ih nema. On se raznaži, pa reče: „Kakve mačke? Ma ko je vama rekao da mačke vole post i pokoru? Po debljini vam se vidi da ste novi. Da li vam ovo liči na blagovaonicu u kojoj bi milosrdna braća Svetog Jeronima stasavala?"

Ja se na to rastužih; još se više uplаših kad videh kako su svi koji su od ranije u školi poput šila, s licima koja kao da su kredom brijali. Sede licencijat Kabra i blagoslovi. Oni večeraše beskonačnu večeru, bez početka i bez kraja, bez predjela i kolača; supu donese u drvenim čančićima, toliko bistru, da bi Narcis, da ju je jeo, bio u većoj opasnosti nego na izvoru. S teskobom sam gledao kako se mršavi prsti ustremljuju na usamljeno zrno pasulja što je stajalo na podu. Uz svaki srkut, Kabra kaže: „Naravno da nema ničega ravnog čorbi, neka priča ko šta hoće; sve ostalo je samo porok i proždrljivost", pa isplazi jezik i pređe preko brkova, oblizujući ih, i tako bradu uresi supom.

Kad to reče, sruči u sebe svoje čanče, govoreći: „Na život i na zdravlje, i još toliko za pamet." „Svrake ti pamet popile!", rekoh ja za sebe, kad videh nekog momka već napola duha, toliko mršavog, s tanjirom mesa u rukama, što kao da ga je sa svojih kostiju skinuo. Okolo tog mesa (jedva da ga je bilo) beše neka pustolovna repa, i učitelj reče kad je vide: „Ima repe? Za mene nema te prepelice koja bi joj bila ravna. Jedite, jer se radujem da vas gledam kako jedete." Pa se uhvati ukoštac s nožem, nabode repu na vrh i primakavši je nosu, proneseći je kao na litiji pred sopstvenim licem, odmahnu dvaput glavom, i reče: „Stvarno krepi i srce snaži", jer beše veliki obožavalac povrća.

Svakome udeli tako malo mesa da, između onog što im se za nokte zalepilo i onoga što im je među zubima ostalo, mislim da ga više nije ni ostalo, a trbusi učesnika ostadoše nepričešćeni. Kabra ih je gledao i govorio: „Jedite, momci ste i uživam da gledam kako ste ješni." (Vidite li, Vaša Milosti, kakav je to začin za one koji zevaju od gladi!)

Završiše s jelom i ostade nešto mrva na stolu, a u tanjiru, dve kožure i nešto kostiju; reče učitelj: „Neka ovo ostane za sluge, jer i oni treba da jedu; nećemo valja mi sve hteti." Bog ti o glavi radio, tebi i svemu što si poždrao, bedniče (rekoh ja) kakvu si samo pretnju uputio mome trbuhu! On blagoslovi, i reče: „Hajde, da napravimo mesta za ove momčiće, da se nasite, a vi do dva na vežbanje, da vam ne pozli od svega što ste pojeli." Tad više nisam mogao da zadržim smeh, pa razvalih vilicu. On se mnogo naljuti, i reče mi da se naučim skromnosti, i još tri-četiri starodrevne izreke, pa ode.

Posedasmo mi, a ja, kad videh da su to ćorava posla i da moj trbuh pravdu traži, kao zdraviji i jači od ostalih, navalih na tanjir, kao što i svi navališe, pa od one tri mrve smazah dve, i jednu kožuru. Ostali počeše da gunđaju; na tu graju uđe Kabra, govoreći: „Jedite kao braća, jer vam je Bog dao. Ne svađajte se, ima dovoljno za sve." On se vrati na sunce, a nas ostavi same.

Tvrdim Vašoj Milosti da sam video jednog od njih, koji se zvao Hure, Baskijac, što je već toliko zaboravio i kako i s koje strane se jede, da je komadić koji mu je dopao, dvaput očima primicao, a ni tri puta mu nije bilo dovoljno da ruke ustima prinese. Zatražih piće, jer ostali, koji gotovo da su gladovali, nisu ništa tražili, pa mi donesoše čašu vode; nisam stigao ni ustima da je prinesem, kad mi je, kao da je škropionica, ote onaj usukani momak o kojem sam govorio. Ustadoh s velikim bolom u duši, jer sam video da sam se našao u kući gde se trbuhu nazdravlja, a on ne otpozdravlja. Dođe mi da stomak ispraznim (mada ga nisam ni napunio) hoću da kažem, da se olakšam, pa nekog starosedeoca upitah za nužnik, a ovaj mi reče: „Pošto u ovoj kući nisu nužni, i nema ih. Za ono malo što stomak budete napunili dok ovde budete boravili, možete bilo gde; ja sam ovde evo ima već dva meseca, i nisam to radio nijednom osim onoga dana kada sam stigao, kao vi sada, od onoga što sam u svojoj kući pojeo noć uoči." Kako da opišem svoj jad i tugu? Toliki su bili da se, kad sam pomislio koliko će malo ući u moje telo, nisam usudio, mada me je priteralo, da bilo šta iz njega izbacujem. Zabavismo se nekako do večeri. Don Dijego mi je govorio šta bi on učinio da uveri svoj trbuh da se najeo, jer mu nije hteo verovati. U toj su kući ljudi gubili svest od gladi isto onoliko često kao što po drugim ispuštaju gasove iz stomaka. Dođe i vreme večeri; užinu smo proveli nasuvo, a večera, ako i nije bila nasuvo, bila je prilično suva: suvo grožđe, i lešnici, sveće i blagoslov, tek da se kaže da smo večerali uz blagoslov. „Zdrava je stvar (reče) večerati malo, da se stomak ne bi opteretio"; pa onda navede celu svitu paklenih lekara. Pričao je hvalospeve skromnom obroku, i kako se čovek oslobađa mučnih snova, iako je znao da u njegovoj kući niko ne može ni o čemu drugom da sanja, nego o tome da se najede. Povečeraše i povečerasmo svi, ali ne najede se niko.

Pođosmo na spavanje, i cele noći ne mogosmo don Dijego i ja ni oka da sklopimo, on sve smišljajući kako će se ocu žaliti i tražiti da ga odatle izvadi, a ja savetujući ga da to i učini; mada mu na kraju rekoh: „Gospodine, znate li vi zasigurno da smo živi? Jer ja sve mislim da su nas u onoj svađi s piljaricama pobili, i sad smo duše u čistilištu. Tako je onda suvišno tražiti da nas vaš otac izvlači, ako neko ne izmoli za nas zaupokojnu molitvu i oslobodi nas muka pred nekim povlašćenim oltarom." Uz ovakvu priču, i ono malo što odspavasmo, dođe i vreme da se ustaje. Otkuca šest, i Kabra nas pozva na čtenije; otidosmo svi i odslušasmo. Meni narediše da prvi čitam nominativ svima ostalima, a glad moja beše tolika, da za doručak progutah polovinu objašnjenja. U sve će ovo poverovati onaj ko zna šta mi je ispričao Kabrin momak, govoreći kako je za jedan Post nagrnulo mnogo ljudi koji su lupali na kućna vrata, jedni nogama, drugi rukama, a treći celim telom, i to jako dugo, a beše mnogo ljudi koji su samo zato iz daleka došli; pa kad je jednom nekoga pitao šta je to bilo (pošto se Kabra naljutio što ga za to pita) odgovori mu da su jedni imali šugu, a drugi ozebline, i da bi im, kad bi ušli u tu kuću, ovi pomrli od gladi, i od tad ih više nikad ne bi grizli. Uveravao me je da je to istina, a ja, koji sam kuću upoznao, u to verujem. Kažem to samo zato da ne bude da su ove moje reči preterivanje. A da se vratimo na čtenije, on nam očita, a mi naučismo naizust, i ovaj način života koji sam opisao nastavi se zauvek; samo je u jelu dodao slaninu u čorbu, zbog ne znam čega što su mu jednog dana rekli napolju povodom njegovog roda i porekla. Imao je on neku gvozdenu škrinjicu, svu izbušenu kao slanik, i otvorio bi je, pa u nju stavio komad slanine, kojom bi je napunio, pa je ponovo zatvorio, i okačenu o kanap ubacio je u lonac da pusti malo soka kroz rupice, a da slanina ostane za sledeći dan. Posle mu se učinilo da se tako mnogo troši, pa bi slaninu samo zamočio u lonac. Lonac bi smatrao da se sa slaninom upoznao, a mi bismo pokušali gdekoji trag šunke.

S tim stvarima prolazili smo kako se i može zamisliti. Don Dijego i ja videli smo da smo na ivici, toliko da nam, samo da bismo jeli, na kraju meseca nije bilo druge nego smo tražili načina da ujutro ne ustajemo; tako smo smislili la kažemo da smo se nešto razboleli. Nismo se usudili da pominjemo vrućicu, jer, pošto je nismo imali, lako bi bilo da razotkriju naše spletke. Glavobolja i zubobolja bile su mala smetnja. Na kraju rekosmo da nas bole stomaci, i da nam je veoma zlo jer nas muči što tri dana nismo išli napolje, verujući da, samo da ne bi trošio sredstva za čišćenje, neće ni tražiti nikakvog leka. Ali đavo je stvar drugačije uredio, jer je imao neko sredstvo što ga je nasledio od oca, koji beše apotekar. Kad saznade šta nas muči, on uze te nam spravi sredstvo za čišćenje, i dozove neku staricu od sedamdeset godina, svoju tetku, koja mu je služila kao bolničarka, i reče joj da nam obojici stavi klistir.

Počeše od don Dijega; on se, nesrećnik, stisnu, a starica, umesto da mu ga ubaci unutra, sruči ga između leđa i košulje, te ga pogodi u potiljak, pa je ono što je trebalo da mu bude postava iznutra, poslužilo kao ukras spolja. Momak ostade sve vičući; dođe Kabra, pa kad ga vide, reče da meni daju drugi, a da se potom vrate don Dijegu. Ja sam se opirao, ali mi ništa nije vredelo jer, dok su me Kabra i ostali držali, ubaci mi ga starica, a ja nju, zauzvrat, pogodih posred lica. Kabra se naljuti na mene, i reče da će me iz kuće izbaciti, jer se vidi da je sve to samo benavljenje. Ja sam Boga molio da se naljuti toliko da me otpusti, ali moja sreća nije tako htela. Požalili smo se don Alonsu, a Kabra ga je uveravao da smo to radili samo zato da ne bismo učili. Uza sve to, ništa naše molbe nisu vredele. On staricu uze za gazdaricu u kući, da kuva jelo i da služi đake, a slugu otera zato što ga je jednog petka ujutro zatekao s mrvama hleba na kecelji. Kako smo se sa staricom proveli, sam Bog zna. Beše toliko gluva, da ništa nije čula; sporazumevala se znakovima; i slepa, i toliko se stalno molila da joj se jednoga dana brojanica otkinula iznad lonca pa nam je poslužila najpobožnije jelo koje sam u životu pojeo. Jedan reče: „Crni pasulj! Mora da je iz Etiopije!". Drugi reče: „Pasulj u crnini! Ko li mu je umro?" Moj gazda bi prvi koji zagrize zrno, pa mu se slomio zub. Petkom je imala običaj da ubaci neko jaje, uz toliko dlaka iz njene brade i njenih sedina, da su mogla da se nadmeću za korehidora ili advokata. A da stavi lopaticu za peć umesto kutlače, ili čanak da napuni ugarcima, to je bilo uobičajeno. Hiljadu puta sam u čorbi nalazio bube, iverje, i kudelju koju je prela. A sve je to stavljala da se nađe u trbuhu, da ga popuni. Tim smo se poslom bavili do Posta; dođe Post, i jedan naš drug se razbole. Kabra, da ne bi trošio, nije davao da se zove lekar sve dok ovaj nije počeo da traži da se ispovedi više nego bilo šta drugo. Onda pozva nekog lekarskog učenika, koji mu izmeri bilo i reče da ga je glad pretekla: prva je stigla da ubije ovog čoveka. Pomazaše ga, a siromah, kad to vide, reče: „Gospode moj Isuse Hriste, morao sam da te vidim kako ulaziš u ovu kuću da bih se uverio da ovo nije pakao." Urezaše mi se te reči u srce. Umre siroti momak, sahranismo ga jako skromno pošto je bio stranac, i svi ostadosmo u čudu. Raširi se po selu priča o groznom slučaju, stiže do ušiju Alonsa Koronela i, pošto drugog sina nije imao, njemu se otvoriše oči za Kabrine prevare, pa poče više da veruje u reči dve senke, jer je već tako jadno bilo stanje u kojem smo se našli. Dođe i izvadi nas iz škole, pa kad se nađe pred nama, upita nas za nas same. I takve nas vide da, ne čekajući ništa više, i vrlo ružnim rečima govoreći o licencijatu Jednoudniku, naredi da nas odnesu kući u dve nosiljke. Oprostismo se od drugova koji su nas pratili i željama i pogledima, sve jadikujući kao da ostaju u Alžiru, a vide kako braća trinitarci izbavljaju njihove drugove.

GLAVA IV

O oporavku i odlasku na nauke u Alkalu de Enares

Uđosmo u don Alonsovu kuću, pa nas veoma pažljivo smestiše u dva kreveta, da nam se kosti ne razglave, koliko ih glad beše oglodala. Dovedoše istraživače da nam nađu oči na licu, a meni, pošto su moje muke bile veće i glad koju pretrpeh carska, jer na kraju krajeva, prema meni su kao prema sluzi postupali, dugo oči nisu uspeli da nađu. Dovedoše lekare i narediše da nam peruškama otresu prašinu iz usta, kao da smo slike, što smo i bili: slike i prilike bola i muka. Narediše da nam donesu čorbe i variva. Ko bi umeo da ispriča kakav su vatromet naši trbusi napravili od zadovoljstva, osetivši prvo bademovo mleko i prvu perad? Sve im je bilo novina. Narediše doktori da devet dana niko ne govori glasno u našoj sobi jer, kako su nam stomaci bili prazni, u njima bi odjekivala svaka reč.

Uz ove i druge predostrožnosti, počesmo da se oporavljamo i da vraćamo izvesnu snagu, ali čeljusti nikako da se rasklope, koliko su bile slabe i stisnute; zato su naredili da nam ih svakoga dana tučkom iz avana oblikuju. Četrdeset dana ustajali smo da pokušamo na noge da stanemo, i još smo izgledali kao senke drugih ljudi, a po žutilu i slabosti, kao seme Pustinjskih Otaca. Po ceo dan trošili bismo na zahvaljivanje Bogu što nas izbavi iz strašnog ropstva kod Kabre. I molili Gospoda da nijedan hrišćanin ne dopadne njegovih surovih šaka. Ako bismo se slučajno, dok smo jeli, nekad prisetili trpeze zloga učitelja, glad bi nam se toliko pojačala da bismo tog dana pravili veći trošak. Imali smo običaj da don Alonsu pričamo kako bi nam, kad bismo posedali za trpezu, govorio o zlu proždrljivosti (koju on u životu nije upoznao). I mnogo se smejao kad smo mu pričali kako je u zapovest *Ne ubij* ubrajao i prepelice, pevce, kokoške i sve ono što nije hteo da nam da, pa otuda i samu glad, jer izgleda da je on smatrao za greh ne samo da se glad ubije, nego čak i da se suzbije, koliko se oko jela cenjkao. Tri meseca provedosmo u tome, i na kraju, don Alonso pokuša da pošalje svog sina u Alkalu, da douči šta mu još treba iz Gramatike. Upita i mene hoću li da idem, i ja, koji ništa drugo nisam ni želeo nego da umaknem iz kraja u kojem se zna za ime onog podmuklog mučitelja stomaka, ponudih se da služim njegovom sinu kako on bude želeo. On mu na to dade jednog slugu za vaspitača, da mu vodi kuću i račune o potrošenom novcu, koji nam je davao u bankovnim papirima na ime nekog čoveka koji se zvao Hulijan Ispičutura. Natovarismo stvari na kola nekog Dijega Inoka; beše to jedan krevetac, zatim drugi od kanapa i s točkićima koji je trebalo da stavimo ispod mog kreveta i kreveta kućepazitelja, koji se zvao Torlak, pet dušeka, osam ćebadi, osam jastuka, četiri tepiha, kovčeg s belim rubljem, i ostale kućne sitnice. Mi posedasmo u kočije, krenusmo predveče, sat pre nego što će se smrknuti, i stigosmo u ponoć, ili malo kasnije, u večno prokletu krčmu Viverosovu.

Krčmar je bio pokršteni Mavarin i lopuža, a ja u životu ne videh psa, kako smo zvali preverice, i mačku, što je naziv za lopužu, da se tako lepo slažu u jednoj osobi, kao što videh toga dana. On nam priredi lepu dobrodošlicu, a pošto su on i vozarevi momci bili u dogovoru (a vozar je već bio stigao s prtljagom ranije, jer smo mi išli polako) pribi se uz kočije, pruži mi ruku da siđem niz stepenik, i upita me idem li da učim škole. Ja mu odgovorih da idem; on me uvede unutra, a tamo behu dva lupeža i neke ženice, neki pop što se molio dok je iz kuhinje kadilo, i neki stari trgovac, škrtica, koji se trudio da zaboravi na večeru; zatvarao je oči na silu, ne bi li zaspao našte srca; pravio se da zeva i govorio: „Više ću se ugojiti od malo sna nego od svih fazana na svetu." I dva studenta, ugursuza, od onih u olinjalim haljecima, s trbusima na gotovs, što su se muvali po krčmi spremni da nešto smažu. Moj gospodar, međutim, pošto je poslednji došao u krčmu, a pritom tako mlad, reče: „Gospodine krčmaru, dajte mi čega ima za mene i moje sluge." „Svi smo mi sluge Vaše Milosti (rekoše spremno lupeži) vama na usluzi. Hej, krčmaru, vidite da će vam ovaj gospodin biti zahvalan na svemu što učinite. Praznite špajz." I kad to rekoše, priđe mu jedan od njih i skide mu ogrtač, pa reče: „Odmorite se, Vaša Milosti, Gospodine moj"; pa ga spusti na kamenu klupu. Ja se na to uobrazih i pomislih da sam gazda krčme. Jedna od žena reče: „Kakvog je lepog stasa onaj plemić! I pošli ste na studije? Da li je Vaša Milost njegov sluga?" ja odgovorih, verujući da je tako kako kažu, da smo ja i onaj drugi to što jesmo. Upitaše me za njegovo ime, i ne stigoh ni da im ga kažem, kad mu jedan od studenata priđe kao malo plačući i, stegnuvši ga čvrsto u zagrljaj, reče: „O, gospodaru moj, don Dijego, ko bi rekao da ću danas, posle deset godina, ovako sresti Vašu Milost? Nesrećnik li sam, kad sam takav da me Vaša Milost ne prepoznaje!" Ovaj se začudi, kao i ja, jer bismo se obojica zakleli da ga u životu nismo videli. Onaj njegov drugar zagledao se u don Dijegovo lice, pa reče svom prijetelju: „To je taj gospodin o čijem si mi ocu toliko pričao? Velike smo sreće što smo ga prepoznali, kad je toliko porastao! Bog ga čuvao!"; pa poče da se krsti. (Ko bi poverovao da su sa nama odrasli?) Don Dijego mu ljubazno ponudi svoje usluge, a kad ga upita za ime, iziđe krčmar i prostre stolnjake, pa nanjušivši prevaru, reče: „Ostavite se toga, posle večere divanite, ohladiće se." Dođe jedan od lupeža i postavi klupe za sve i stolicu za don Dijega, a drugi donese tanjir. Studenti rekoše: „Samo Vaša Milost neka večera, dok nam spreme čega ima, mi ćemo vas služiti za stolom." „Isuse! (reče don Dijego) Vaše Milosti samo neka sednu, ako vam je po volji." Na to lupeži odgovoriše (premda im se niko nije obratio): „Kasnije, gospodine moj, još nije sve spremno." Kad ja videh kako jedne poziva, a drugi se pozivaju sami, ražalostih se, i pobojah se da će se desiti što se i desilo. Jer studenti uzeše salatu, koja je razumno jelo, pa pogledavši mog gospodara, rekoše: „Nije u redu da tamo gde ovako ugledan gospodin sedi, ove dame ostanu bez večere. Naložite da im se poda neki zalogaj."

I on ih, praveći se široke ruke, pozva. One posedaše, pa zajedno sa studentima ne ostaviše ništa osim jedne mladice od svega četiri zalogaja, što pojede don Dijego. I kad mu to dade, onaj prokleti student mu reče:

„Imali ste dedu, Vaša Milosti, koji beše stric moga oca, a koji zelenu salatu nikad nije jeo; ne valja za pamćenje, naročito noću, a još ova i nije neka naročita." I sve tako govoreći, proguta jedan hlepčić, a onaj drugi, drugi. A žene? One su već celu veknu pojele, ali najviše je jeo pop, i to samim očima. Sedoše lupeži s pola pečenog jareta, dva komada slanine i nekoliko kuvanih goluba, pa rekoše: „Oče, što tamo sedite? Dođite i grabite, jer evo naš gospodin don Dijego nam svima nudi čast. Za Boga miloga! Crkva je uvek na prvom mestu! Jedva da su stigli da mu to i kažu, a on već sede.

Kad moj gospodar vide kako su mu se svi podmetnuli, rastuži se. Podeliše sve, a don Dijegu dadoše nešto kostiju i krilaca, govoreći: „Od jareta dva parčeta, i od tice jedno krilce", tvrdeći da tako poslovica kaže. Tako se mi najedosmo poslovica, a oni ptica. Sve drugo proždraše pop i ostali. Lupeži rekoše: „Nemojte mnogo večerati, gospodine, pozliće vam"; a prokleti student na to dodade: „Štaviše, za život u Alkali, treba čovek da se nauči da malo jede." Ja i onaj drugi sluga molili smo Boga da imaju srca i da ostave nešto. A kad su sve već pojeli, i pop čak i tuđe kosti oglodao, opet se javi onaj lupež i reče: „Jao, grešan li sam, ništa nismo ostavili slugama. Dođite ovamo, Vaše Milosti. Ah, gospodine krčmaru, dajte im od svega čega ima, evo vam dukat." Kadli skoči onaj izopšteni rođak moga gospodara (hoću da kažem, onaj nadristudent), pa reče: „Izvinite, molić, gospodine viteže, ali morate se naučiti pristojnosti. Da li kojom srećom poznajete mog gospodina rođaka? On će dati svojim slugama, pa bi čak i našima dao, kad bismo ih imali, kao što je dao i nama." Pa okrenuvši se don Dijegu, koji beše zanemeo, reče: „Nemojte se ljutiti, Vaša Milosti, oni vas ne poznaju." Kad ga videh kako se samo pretvara, stadoh toliko da ga proklinjem, da je iz mene samo sipalo.

Raspremiše trpezu, i svi rekoše don Dijegu da ode da legne. On htede da plati večeru, a oni mu odgovoriše da to ne čini, da će i sutra za to biti vremena. Torokali su tako neko vreme, on upita studenta za ime, a on odgovori da se zove tako i tako Koronel. (U paklu počivao, gde god da je.) On opazi da škrtica spava, pa reče: „Želi li Vaša Milost da se nasmeje? Hajde da se našalimo s ovim zlim starcem, koji je celim putem do sada samo jednu jabuku pojeo, a prebogat je." Lupeži će na to: „U pravu je licencijat; uradite tako, i to s pravom." On na to priđe i izvuče sirotom starcu koji je spavao bisage ispod nogu, pa odmotavši ih, nađe neku kutiju, i kao da je vojnički doboš, on udari po njemu da sazove ljude. Dođoše svi, pa kad otvoriše kutiju, videše da su u njoj medenjaci. Izvadi sve što je bilo, pa na njihovo mesto stavi kamenje, komade drveta, sve što nađe; a odozgo, dva-tri komada gipsa i parče crepa. Zatvori kutiju, vrati je na svoje mesto i reče: „Nije ovo dosta, starac ima i mešinu." On prosu iz nje vino, pa izvadi neki jastuk iz naših kočija, i pošto dole nasu malo vina, napuni je vunom i kudeljom, pa je zatvori. Na to svi odoše da prilegnu sat ili sat i po, koliko je ostalo, i student sve vrati u bisage, a u kapuljaču na kabanici ubaci veliki kamen, pa ode na spavanje.

Dođe vreme da se kreće; probudiše se svi, a starac još spava. Pozvaše ga, a on, kad ustade, nikako da digne kapuljaču na kabanici. Pogleda šta je, a krčmar namerno poče da ga grdi, govoreći: „Za ime Božije, čiča, zar ništa drugo niste našli da ponesete, nego taj kamen? Šta mislite, gospodo moja, da ja to nisam video? Ja ga cenim na više od sto dukata, pošto leči od trbobolje." Ovaj se kleo i zaklinjao, govoreći da nije stavio kamen u kapuljaču. Lupeži napraviše račun, i samo večera iziđe na trideset reala, a takvu računicu ni čuveni matematičar Huan iz Leganesa ne bi uspeo da razume. Studenti rekoše: „Pa on ne traži više od žute banke?" A lupež će na to: „Ne, osim što još hoće da se pred nama našali s ovim gospodinom; mada je samo krčmar, zna on šta treba da radi. Pustite se samo, Vaša Milosti, u dobrim ste rukama." Pa nakašljavši se, uze novac, prebroja ga, a pošto je moj gospodar izvukao četiri reala više, on ih uze, govoreći: „Ovo ću mu dati za noćenje, jer se onakvim lupežima s četiri reala usta mogu začepiti." Mi se zabezeknusmo na toliki trošak.

Doručkovasmo neki zalogaj, pa starac uze svoje bisage, i da ne bismo videli šta iz njih vadi i da ne bi delio ni sa kim, on ih odveza naslepo ispod kabanice; dohvati komad gipsa, ubaci ga u usta, zagrize ga onim zubom i po što ga je imao, te ga umalo ne izbi. Poče da pljuje i da krivi lice od gađenja i bola; priđosmo mu svi, a prvi pop, pitajući ga šta mu je. On poče Sotoni da se nudi; ispusti bisage, priđe mu student, pa reče: „Ustuk, na ti krst!"; drugi otvori molitvenik; uveravaše ga da je u njega ušao đavo, sve dok sam ne reče šta ga je snašlo, pa zamoli da ga puste da isplakne usta s malo vina što ga nosi u mešini. Pustiše ga, a on je izvuče i otvori; kad nali u čašu malo vina, uz onu vunu i kudelju, ispade mu vino baš oporo, onako bradato i kosmato, da se nije moglo ni piti ni cediti. Tada starac izgubi strpljenje, ali kad vide oko sebe lica iskrivljena od smeha, nađe za shodno da oćuti i da se popne na kola s lupežima i ženama. Studenti i pop nasadiše se na dva magareta, a mi se popesmo u kočije; samo što krenusmo, kad i jedni i drugi počeše da se krevelje, priznajući šalu. Krčmar reče: „Svaki novi gospodin, uz malo ovakvih počasti, brzo će ostariti." Pop reče: „Svešteno sam lice; očitaću vam ja još gdekoju." A prokleti student se drao: „Gospodine rođače, drugi put se počešite kad vas zasvrbi, zalud je posle češati se." Drugi reče: „Od sad, u se i u svoje kljuse, Vaša Milosti, don Dijego." Mi smo se pravili ludi; sam Bog zna koliko nas je bilo stid. Uza sve ove i druge stvari, stigosmo u grad; iskrcasmo se u nekom svratištu, i celoga dana, jer stigosmo u devet, ne prestadosmo da pričamo o prethodnoj večeri, i nikako ne mogosmo da isteramo račun načistac.

GLAVA V

O stupanju u Alkalu, o pristupnini i ruglu
kojem ga izvrgoše kao novajliju

Pre nego što se smrknu, napustismo svratište i pređosmo u kuću koju su nam iznajmili, a koja se nalazila izvan Santjagove kapije, gde je mnogo studentskih stanova na gomili, dok su ovu kuću uzela samo tri različita stanara. Gazda, ili domaćin, beše od onih što veruju u Boga iz pristojnosti ili iz pritvornosti; u narodu takvoga zovu Morisko. Primi me, dakle, taj domaćin s izrazom lica gorim nego da sam oličenje Svetoga Pričešća. Ne znam ni da li je to radio zato što smo mu počeli ukazivati poštovanje, ili zato što mu je takva priroda: nije ni čudo da bude u slabom stanju ono što nije od dobroga zakona. Rasporedismo naš prtljag, namestismo krevete i ostalo, pa prespavasmo tu noć.

Svanulo je, kadli evo ti svih studenata iz svratišta u košuljama da traže pristupninu od moga gospodara. On, pošto nije znao šta je to, upita mene šta to ovi hoće, a ja se, za to vreme, za slučaj da se nešto desi, strpah među dva dušeka, i samo pola glave izvukoh napolje, tako da sam ličio na kornjaču. Zatražiše dva tuceta reala; dadoše im, a oni tad nadadoše paklenu dreku, govoreći: „Živeo naš drug, primamo ga u naše društvo. Neka uživa u povlasticama kao stari član. Može da ima šugu, da flekav ide naokolo i da skapava od gladi kao i svi." I s time (vidite, Vaša Milosti, kakva je to povlastica!) odleteše niz stepenice, a mi se smesta odenusmo i pođosmo u školu. Moga gospodara su pod svoje uzeli neki studenti koji su poznavali njegovog oca, pa se on priključi njihovoj grupi; ali ja, pošto je trebalo da stupim u drugu grupu i pošto sam bio sam, počeh da se tresem. Uđoh u dvorište, i još ni stopu nisam kročio, kad nasrnuše na mene i počeše govoriti: „Novajlija!" Ja, da se napravim lud, prasnuh u smeh, kao da ne obraćam pažnju; ali to nije bilo dovoljno, jer mi priđoše osmorica-devetorica, i počeše da se smeju. Ja pocrveneh; ne dao to Bog nikome jer, istoga trena, jedan što beše tu pored mene stavi šake na nos, pa udaljivši se, reče: „Ovaj Lazar samo što nije uskrsnuo, kako zaudara." I na to se svi odmakoše, zapušivši noseve. Ja sam se nadao da ću se izvući, pa i sam stavih ruke i rekoh: „U pravu su Vaše Milosti, stvarno baš smrdi." Njima to bi veoma smešno, pa sve se odmičući, već ih se bilo nakupilo stotinu; stadoše da dižu galamu i da zvone na uzbunu, a po tome kako su počeli da kašlju i da otvaraju i zatvaraju usta, videh da mi se sprema pljuvanje. Uto mi neki nazebli Mančanac učini čast svojim groznim ispljuvkom, govoreći: „Evo šta činim." Ja onda, videvši da sam gotov, rekoh: „Bože, pomozi, po...!" Htedoh da kažem, ...*bij ih*, ali takve me salve i pljusak dočekaše, da ne mogoh da dovršim rečenicu. Lice sam bio pokrio ogrtačem, pa ostadoh sav beo, jer su me svi gađali; a kakvi su strelci bili, to je trebalo videti.

Već sam bio zavejan od glave do pete, ali neki prostak, videvši da sam sav pokriven, a da na licu nemam ničega, nasrnu na mene govoreći u velikom besu: „Dosta, nemojte ga tući batinom!"; kako su sa mnom postupali, poverovah da će i to učiniti. Otkrijem se da vidim šta je, i istoga trena, onaj što se razdrao prilepi mi ispljuvak u oba oka. Eto vidite kakve sam jade doživeo. Ta paklena svetina nadade takvu dreku, da me zagluši. A ja, po onome što su iz svojih stomaka izbacivali na mene, pomislih da čekaju na novajlije da bi se pročistili, i tako uštedeli na lekarima i melemima. Posle toga htedoše da me izudaraju po glavi, ali nemadoše gde, ako nisu hteli rukama da skinu polovinu pomada kojim su udesili moj crni ogrtač, već pobeleo od mojih greha. Ostaviše me, a ja ostadoh kao prava starinska pljuvaonica, sav u pljuvački. Otidoh kući, koju jedva potrefih, i sva sreća da je bilo jutro, te sretoh samo dva-tri momka, koji mora da behu dobre volje, jer samo pet-šest puta zamahnuše na mene svojim maramicama, pa me ostaviše. Uđoh u kuću, a Morisko, kad me vide, poče da se smeje i da se pravi kao da će me pljunuti. Ja se pobojah da će to i uraditi, pa rekoh: „Stanite, domaćine, nisam ja *Ecce Homo*." Kamo sreće da to nikad nisam rekao, jer on na mene sruči dve livre udaraca, mlateći me po leđima nekim tegovima što ih je imao. Uz takvu napojnicu, napola umlaćen, popeh se gore; i tražeći gde da dohvatim halje i ogrtač da ih sa sebe skinem, provedoh mnogo vremena. Konačno ih skidoh i legoh u krevet, a stvari okačih na verandi. Dođe moj gospodar, i pošto me zateče da spavam, a za groznu pustolovinu nije znao, naljuti se i poče da me cima, i to tako snažno, da me je još dvaput cimnuo, ćelav bih se probudio. Ustadoh vičući i kukajući, a on, još bešnji, reče: „Zar je to dobar način da me služiš, Pablos? Zar je to onaj život." Kad ga čuh da kaže „onaj život", pomislih da sam već mrtav, pa rekoh: „Baš ste me ohrabrili u mojim mukama, Vaša Milosti. Pogledajte kakve su mi halje i ogrtač, koji je poslužio da se na njemu useknu najveći nosevi kakvi se ni na litijama ne viđaju, i pogledajte ova rebra." I na to briznuh u plač. Kad on vide moje suze, poverova mi, pa potraživši halje i videvši ih, sažali se na mene, i reče: „Pablo, dođi sebi, čoveče. Gledaj sebe, ovde drugog oca ni majke nemaš." Ispričah mu sve što se dogodilo, a on naredi da me skinu i da me odnesu u moju sobu (a tamo su spavala čatvorica slugu gostiju iz kuće). Legoh i zaspah; i sa svim tim, pošto sam dobro ručao i večerao, osetih se krepak i kao da mi ništa nije ni bilo. Ali kad nevolje navale na čoveka, izgleda kao da se nikad neće zaustaviti, da se jedna na drugu nadovezuju, i jedna drugu povlače. Dođoše da legnu ona trojica slugu, i pošto me svi pozdraviše, upitaše me da li mi je zlo i kakav mi je krevet. Ja im ispričah slučaj, a oni odmah, kao da ni trunke krivice na njima nema, počeše da se krste, govoreći: „Ni luteranci ne bi tako nešto uradili. Ima li tolike zlosti?" Drugi reče: „Rektor je kriv što to ne ispravi. Znate li ko su bili?" Odgovorih da ne znam, i zahvalih im na milosti koju mi ukazaše. Na to se oni poskidaše, legoše, utrnuše svetlo, i ja zaspah, jer mi se činilo kao s ocem i braćom da sam.

Moralo je biti oko dvanaest, kad me jedan od njih probudi vikom, govoreći: „Jaoj, ubiše me! Lopovi!" Iz njegovog kreveta su kroz te jauke odjekivali i nekakvi udarci bičem. Ja digoh glavu i rekoh: „Šta je to?" I čim se otkrih, kadli me bič troperac ošinu posred leđa. Zakukah; htedoh da se dignem; i onaj drugi je zapevao; ali samo mene su mlatili. Zaustih: „Pravdo Božija!", ali su udarci toliko pljuštali po meni, da mi više nije bilo druge (pošto su sa mene strgnuli ćebad) nego da se zavučem pod krevet. Tako i uradih, i baš tada i ona trojica što su spavali počeše da se dernjaju. A pošto su odjekivali udarci bičem, pomislio sam da nas neko spolja sve mlati.

Za to vreme, onaj prokletnik što je bio pored mene pređe u moj krevet i olakša se u njemu, pa sve to pokri i vrati se u svoj. Prestadoše batine, i sva četvorica digoše veliku graju govoreći: „Ovo je veliki bezobrazluk, ne sme to tako ostati." Ja sam još bio pod krevetom, cvileći kao pas kad ga uštinu vrata, toliko sam se zgrčio da sam izgledao kao hrt koga su uhvatili grčevi. Oni drugi se napraviše kao da zatvaraju vrata, i ja onda iziđoh s mesta gde sam bio, popeh se u krevet, pitajući da li su možda i njih izudarali. Svi su kukali do neba.

Legnem, pokrijem se, i ponovo zaspim; a pošto sam se u snu prevrtao, kad se probudim, vidim da sam sav u izmetu, pretvoren u pravi nužnik. Svi ustadoše, a ja se izgovorih onim batinama da se ne bih oblačio. Nema tog đavola koji bi me pomerio s mesta. Bejah zbunjen, razmišljajući nisam li možda, od straha i uzbuđenja, i ne osetivši, napravio onu svinjariju, ili možda u snu. Na kraju krajeva, videh da sam nevin a kriv, i nisam znao kako da se opravdam. Drugovi mi priđoše, sve zapomažući i silno se prenemažući, da me pitaju kako sam; rekoh im da mi je jako zlo, jer su me mnogo izubijali. Upitah ih šta je to moglo biti, a oni mi rekoše: „Tako mi vere, neće se izvući, pošto će nam zvezdočatac sve reći. Ali ostavimo se toga, nego da vidimo da niste povređeni, jer ste mnogo zapomagali." I kad to rekoše, htedoše da podignu pokrivač da bi me osramotili. Uto uđe moj gospodar govoreći: „Da li je moguće, Pablos, da s tobom ne mogu izići na kraj? Osam je, a ti si u krevetu? Diži se, nesrećniče!" Ostali, da me ohrabre, ispričaše don Dijegu ceo slučaj, i zamoliše ga da me pusti da spavam. I jedan reče: „A ako Vaša Milost ne veruje, ustanider, prijatelju"; i uhvati se za prekrivač. Ja sam ga stegao zubima da se ne vidi kaka. Kad videše da nema vajde tim načinom, jedan reče: „Za ime Božije, kako zaudara!" Don Dijego reče isto, jer je bila istina, a potom, za njim, svi počeše da zagledaju da nema u sobi neki noćni sud. Rekoše da se tu ne može ostati. Jedan reče: „Pa zar nam ovo pomaže da možemo da učimo?" Zagledaše krevete, pa ih ispomeraše da vide čega ima ispod, te rekoše: „Nema sumnje da ispod Pablosovog ima nešto; da ga prebacimo u jedan od naših, pa da pogledamo ispod." A ja, kad videh da su to ćorava posla i da će me uhvatiti, napravih se da sam dobio napad padavice. Dohvatih se za rešetku na krevetu, počeh da se kreveljim; a oni, pošto su znali za jadac, navališe na mene, govoreći: „Kakav nesrećnik!" Don Dijego me uhvati za srednji prst, i konačno, sva petorica zajedno me podigoše. I kad podigoše čaršave, toliko svi počeše da se smeju (videvši sveže, ne žutonjke, nego pravu kaljugu) da se soba tresla. „Jadan li je!" govorili su mangupi (ja sam se pravio da sam u nesvesti); „Povucite ga jako, Vaša Milosti, za srednji prst." I moj gospodar, misleći da mi čini dobro, povuče me tako jako, da mi ga iščaši. Ostali pokušaše da me vežu oko bokova, i rekoše: „Siromah se sigurno uneredio sad kad ga je spopala bolest." Ko će opisati šta sam ja osećao, jedno od stida, pa još sa iščašenim prstom, i još izložen opasnosti da me konopcem udave! Konačno, u strahu da me stvarno ne udave (jer su mi konopac već bili navukli do bokova) napravih se da sam se povratio, i ma koliko brzo ja to uradio (pošto su oni mangupi to radili u zloj nameri) već su mi na svakoj nozi ostavili beleg dubok po dva prsta. Pustiše me, govoreći: „Isuse Hriste, kako si mršav!" Ja sam plakao od besa, a oni će namerno: „Važnije je vaše zdravlje, nego to što ste se uneredili. Ćutite." I na to me staviše u krevet, pošto su me oprali, i otidoše. Ja sam u samoći samo mislio o tome kako je ovo što mi se u Alkali desilo za jedan dan bezmalo gore nego sve što me je snašlo kod Kabre. U podne se obukoh, očistih halje najbolje što mogoh, ribajući ih kao pokrovac za konja, pa sačekah gospodara, koji me, kad stiže, upita kako sam. Ručaše svi iz kuće, i ja s njima, mada malo preko volje. A potom, kad se svi okupismo da toročemo u hodniku, ostale sluge, pošto mi se narugaše, priznadoše svoju prevaru. Svi se nasmejaše, moja uvreda postade dvostruko veća, pa rekoh u sebi: „Pazi se, Pablos, i otvori četvore oči." Reših da počnem nov život, i tako, sprijateljivši se, živesmo od tada pa nadalje svi u kući kao braća, i u školi i po stanovima više me niko nije uznemiravao.

GLAVA VI

O gazdaričinim surovostima i vragolijama koje učini

„Radi kako vidiš da drugi rade", kaže poslovica, i dobro kaže. Čisto iz obzira prema njoj, na kraju se reših da budem mangup s mangupima, pa i veći, ako uzmognem, od svih. Ne znam da li sam u tome uspeo, ali uveravam Vašu Milost da sam uradio sve što sam mogao. Prvo, osudio sam na smrt sve prasce koji su ulazili u kuću, i gazdaričinu živinu koja je iz živinarnika ušla u moju sobu. Desi se jednog dana da uđu dve najlepše svinje koje sam u životu video. Zabavljao sam se s ostalim slugama, i kad ih čuh kako rokću, rekoh jednome: „Idite vidite ko rokće u našoj kući." On otide, pa reče, dva krmka. Čim to čuh, naljutih se toliko da iziđoh govoreći da je veliki mangupluk i drskost da neko dođe da rokće po tuđoj kući. I sve govoreći takve stvari, proburazih svakoga od njih iza zatvorenih vrata mačem kroz grudi, pa ih onda priklasmo. Da se ne bi čula buka koju su pravili, svi uglas nadadosmo veliku dreku, kao da pevamo, te tako ispustiše dušu na našim rukama. Povadismo iznutrice, pokupismo krv, i iz čiste zabave ih napola osmudismo u oboru, tako da, kada gospodari to videše, već sve beše spremljeno, mada loše, osim iznutrica, jer krvavice još nisu bile spremne. I to ne zato što se nismo žurili, uistinu, jer da se ne bismo zadržavali, ostavismo pola od onoga što su creva u sebi imala, pa ih većinom pojedosmo onako kako su ih krmci u svojim mešinama zgotovili.

Saznade, dakle, don Dijego za ovaj slučaj, pa se naljuti na mene toliko da je primorao domaćine (koji od smeha ne mogoše da se brane) da odu po mene. Upita me don Dijego šta bih imao da kažem ako bih bio optužen, pa me uhapsili. Na to ja odgovorih da bih se pozvao na glad, koja je studentska svetinja; a ako mi to ne bi upalilo, rekao bih da sam, pošto su ušli bez kucanja, kao u svoju kuću, pomislio da su naši. Svi se nasmejaše na moja izvinjenja. Don Dijego reče: „Vere mi, Pablos, već si stara kuka." Trebalo je videti moga gospodara onako smirenog i pobožnog, a mene onako vragolastog, da smo jedan kod drugoga isticali bilo vrlinu, bilo porok. Gazdarica je bila prezadovoljna mnome, pošto smo bili dvoje na jednoga; zaverismo se protiv špajza. Ja sam bio špajzmajstor Juda, od čizme do vreće, jer još od onih vremena uz taj zanat nasleđuje se i nekakva ljubav prema otimačini. Meso u gazdaričinim rukama nije se vodilo zakonom progresije, nego je uvek išlo od većeg ka manjem, i ako prethodno nije bilo ni malo krvi i mesa, od čiste pokore, kod nje bi ostale sama kost i koža. I kad god bi mogla da ubaci kozetinu ili ovčetinu, ne bi stavljala mesa ovnujskoga, i ako bi bilo kostiju, ne bi stavljala krtinu; umela je da skreše i porcije i novac, pa bi tako pravila čorbe sušičave koliko su bile slabe, i supe od kojih bi se, kad bi se spihtijale, mogle staklene perlice praviti. O Uskrsu, za promenu, da se čorba malo omasti, imala je običaj da ubaci dva parčeta lojanice, pa bi onda govorila da joj se čorba slojanila. A to je bila istina, u šta me je uverilo parče fitilja koje jednoga dana zagrizoh.

Preda mnom je govorila: „Gospodaru moj, naravno da nema takvog službenika kao što je Pablikos, samo da nije tako vragolast; čuvajte ga, Vaša Milosti, možete malo da istrpite njegove manguppluke kad vam je tako veran; što je najbolje na pijaci, on donese." Ja, bih, potom, za nju govorio isto, pa smo tako celu kuću držali u zabludi. Ako bi se ulje kupovalo zajednički, ili ugalj, ili slanina, sakrili bismo polovinu, i kad bi nam se učinilo zgodno, gazdarica i ja bismo rekli: „Umerite se u trošku, Vaše Milosti, jer ako biste se toliko žurili, ne bi Vam ni Kraljeva riznica bila dovoljna. Već je nestalo ulja ili uglja. Mnogo ste brzo trošili. Naredite, Vaše Milosti, da se još kupi, i vere mi, morate drugačije da se pokažete. Dajte pare Pablikosu." Dali bi nam, a mi bismo im prodali onu polovinu koju smo im smotali, a od onoga što bismo kupili, marnuli bismo još pola; i tako u svemu. A ako bih nekad kupio štogod na tržnici po toliko koliko vredi, namerno bismo se posvađali gazdarica i ja. Ona bi govorila: „Nemoj ti meni da pričaš, Pablikos, da je ovo pola livre salate." Ja sam se pravio da plačem, drao se, odlazio da se žalim gospodaru, i terao ga da pošalje kućepazitelja da proveri, da gazdarici zapušim usta, a ona bi se namerno uskopistila. Otišli bi i proverili, pa bismo tako uverili gospodara i kućepazitelja, i oni bi nam ostali zahvalni, meni na poslu, a gazdarici na brizi za njihovo dobro.

Don Dijego bi joj rekao, jako zadovoljan mnome: „Kad bi samo Pablikos bio jednako privržen vrlini koliko je i pouzdan! Je li to sva ona njegova vernost prema meni o kojoj mi govoriš?" Tako smo ih držali, i sisali ih kao pijavice.

Kladio bih se da bi se Vaša Milost zaprepastila koliku sam sumu novca nakupio za godinu dana. Mora biti da je mnogo bilo, ali bez obaveze da se bilo šta vrati, pošto se gazdarica ispovedala i pričešćivala svakih osam dana, i nikad kod nje ne videh ni traga od pomisli da bilo šta vrati, niti da se nešto dvoumi, pošto beše, kao što rekoh, prava svetica.

Nosila je brojanicu oko vrata, uvek toliko veliku da bi jeftinije prošla da je naramak drva nosila na plećima. Sa nje je visilo mnoštvo ikonica, krstova i oproštajnica koji su zveketali kao zvečke. Blagoslovila je lonce i kad bi trebalo da openi supu, kutlačom bi pravila krstove. Mislim da joj je bajala, da istera iz nje duhove, pošto mesa nije ni bilo. Pred svakom ikonicom, govorila je, moli se svake noći za svoje dobročinitelje; imala je stotinu i nešto svetaca koji su je zastupali, i stvarno joj je bila potrebna tolika pomoć da se oslobodi svih greha. Spavala je u sobi iznad sobe moga gospodara, i molila se više nego slepac. Počela bi s *Pravedni Sudijo*, a završavala sa *Spasenijo Bože*, kako je govorila, i sa *Zdravomarija*. Molitve je govorila na latinskom, namerno, da se napravi nevina, tako da smo svi pucali od smeha. Imala je i drugih veština, bila je nenadmašna podvaladžika i neustrašiva provodadžika, što je isto što i svodilja; ali preda mnom se izvinjavala govoreći kako joj je to nasledno, kao francuskom kralju da leči od škrofula.

Misli li Vaša Milost da smo uvek živeli u miru? Ali kome nije poznato da će se dvoje prijatelja, ako su lakomi, kad su zajedno, potruditi jedno drugoga da prevare? „Ova će sigurno da me nasamari, jer to radi i svom gospodaru", govorio sam ja sebi; i ona je, mora biti, govorila isto, pošto smo jedno drugome napravili takvu spletku, da umalo što se nije razotkrila naša petljavina. Postali smo neprijatelji kao mačka i mačka, što je u špajzu gore negoli pas i mačka.

Kad videh da sam sa gazdaricom na ratnoj nozi, i da je ne mogu namagarčiti, potrudih se da smislim nešto novo da se zabavim, pa nađoh ono što studenti zovu marisanje ili mažnjavanje. U tome mi se dogodiše jako vesele stvari, jer kada sam jedne noći u devet (kad ima malo sveta) išao Glavnom ulicom, opazih neku poslastičarsku radnju, i u njoj korpicu od pruća punu suvog grožđa na ćepenku, pa se zaletim, ugrabim je i udri u trk. Poslastičar udri za mnom, i druge sluge, i komšiluk. Pošto sam nosio teret, videh da će me, mada sam dosta isprednjačio, ipak stići, pa kad zamakoh za ugao, sedoh odmah tu, brzo umotah ogrtač oko noge i počeh da govorim, sve rukom držeći se za nogu, praveći se siromah: „Jaoj! Bog da ga prosti, nagazi me!" Kad to čuše, i kad mi priđoše, ja počeh da govorim: „Za tako visoku Gospođu", i sve što je uobičajeno za tako sitan sat i ustajao vazduh. Oni digoše dreku do neba, i rekoše mi: „Da li ovuda prođe neki čovek, pobratime?" „Tu pravo, ovde me nagazi, slavljen neka je Gospod." Oni na to pojuriše, i odoše; ostadoh sam, odnesoh kotaricu kući, ispričah svoj marifetluk, i ne htedoše da mi poveruju da je tako bilo, mada se mnogo tome obradovaše. Zato ih ja pozvah da sledeće veče dođu da vide kako marišem sandučiće s hranom. Pođoše, pa videvši da su sandučići unutra u radnji, i da ih ne mogu dohvatiti rukom, pomisliše da je nemoguće, naročito zato što je poslastičar, zbog onoga što se drugome desilo sa suvim grožđem, bio pripravan. Ja, dakle, pođoh, pa, na dvanaest koraka od radnje stavivši ruku na mač, koji je u stvari bio debeo bodež, potrčah, pa kad stigoh do radnje, rekoh: „Umri!" I zamahnuh ispred poslastičara. On pade ničice moleći da se ispovedi, ja nabodoh sandučić, proburazih ga i izvukoh na maču, pa otidoh s njim. Oni se isprepadaše kad videše šta sam smislio, i pogiboše od smeha kad im poslastičar reče da ga pregledaju, da sam ga zacelo ranio, i da je to bio neko s kim se sporečkao. Ali kad bolje pogleda, pošto su, kad sam onaj sandučić izvadio, ostali rasuti svi oni unaokolo, on vide prevaru, i poče da se krsti toliko da nije mislio prestati. Priznajem da mi nikad ništa nije toliko prijalo.

Drugovi mi rekoše da ja sam mogu da izdržavam kuću onime što uspem marnuti, a to je isto što i pokrasti, šatrovački rečeno. Pošto bejah momčić i čuh kako hvale domišljatost s kojom sam se izvlačio iz vragolija, ohrabrih se da to radim mnogo više, svakodnevno. Donosio bih kaiš pun monaških vrčeva, jer im zatražim da pijem, pa pobegnem s njima; tako sam uveo običaj da ne daju ništa, ako prethodno ne uzmu nešto u zalog.

I tako sam obećao don Dijegu i svim drugovima da ću jedne noći ukrasti mačeve samim stražarima. Odredismo dan kad će to biti, pa pođosmo zajedno, ja napred, i kad opazismo stražare, ja priđoh s još jednim slugom iz kuće, veoma uzbuđen, i rekoh: „Straža?" Odgovoriše: „Jeste." „Da li je to korehidor?" Rekoše mi da jeste. Ja padoh na kolena i rekoh: „Gospodine, u rukama Vaše Milosti nalazi se moj lek i moja osveta, i velika korist za državu; saslušajte, Vaša Milosti, dve reči nasamo, ako želite da uhvatite veliku zverku." On ustuknu, a stražari se mašiše za mačeve i žbiri za svoje palice. Ja mu rekoh: „Gospodine, čak iz Sevilje sam došao uhodeći šestoricu najopakijih ljudi na svetu, sve lopova i ubica, a među njima je i jedan koji je ubio moju majku i brata kad ih je pljačkao, i to mu je i dokazano; a došli su prateći, kako sam ih čuo da kažu, neku francusku uhodu; i još sumnjam, po onome što sam čuo, da je to..." (pa utišah glas i rekoh) „veleizdajnik Antonio Peres."

Na to, korehidor poskoči uvis, pa reče: „I gde su?" „Gospodine, u ovoj javnoj kući; ne časite časka, Vaša Milosti, jer duše moje majke i brata platiće vam to svojim molitvama, a kralj će pozlatiti ovde na zemlji." „Isuse Hriste! (reče) ne časimo časka. Hej, svi za mnom! Dajte mi štit!" Ja mu tad rekoh, ponovo ga odvojivši: „Gospodine, Vaša Milost će izgubiti glavu ako to učini, nego je bolje da sve Vaše Milosti uđu bez mačeva, i to jedan po jedan, jer oni su po sobama i nose pistolete, i ako vas vide kako ulazite s mačevima, pošto znaju da samo straža može da ih unese, pucaće na vas. Bolje je s bodežima, i to ih stavite iza ruke, jer ima nas više nego dovoljno."

Korehidoru se dopade ovaj plan, jer ga obuze pohlepa da ih pohapsi. Uto priđosmo blizu, i korehidor, mudro, naredi da sve mačeve ostave skrivene pod žbunjem u polju koje se nalazi gotovo ispred kuće; ostaviše ih i krenuše. Pošto sam onome drugom rekao da ih pokupi istog trenutka kada ih oni ostave i da se skloni u kuću, on tako i učini; i kad svi uđoše, ja ostadoh pozadi, poslednji; pa pošto su oni ulazili pomešani s drugim ljudima, ja šmugnuh i stuštih se nekom uličicom koja izlazi na Vitoriju, tako da me ni hrt ne bi stigao.

Oni uđoše i ne videše ništa, jer su tamo bili samo studenti i probisveti (a to vam je sve isto), pa počeše da me traže, i kad me ne nađoše, posumnjaše šta je bilo; a kad odoše po svoje mačeve, njima ni traga ni glasa. Ko bi umeo da ispriča šta je sve korehidor preduzeo kod rektora te noći? Pročešljali su sve stanove, zagledali lica i pregledali oružje. Dođoše do kuće, a ja, da me ne bi prepoznali, legoh u krevet s kapom na glavi i voštanicom u jednoj, i raspećem u drugoj ruci, a neki drug mantijaš pomagaše mi da umrem, dok su ostali mrmljali molitve. Dođe rektor i straža, pa kad videše prizor, iziđoše, ne misleći da tu ima mesta za onakvo što. Ne pogledaše ništa, nego još i rektor očita jednu za moju dušu; upita da li još mogu da govorim, i rekoše mu da ne mogu; na to odoše očajno tražeći nekakvog traga, i rektor se kleo da će ga izručiti pravdi, samo ako ga nađu, a korehidor da će ga obesiti ko bio da bio. Ja ustadoh iz kreveta, i do dana današnjeg u Alkali traje slava te moje prevare.

Da ne dužim, neću ispričati kako sam gradsku tržnicu pretvorio u šumski drum, pošto su krojački i kujundžijski sanduci i piljarske tezge (jer nikada neću zaboraviti uvredu iz vremena kada sam bio car pevaca) izdržavali ognjište naše kuće cele godine. Prećutkujem prihode koje sam imao od repišta, vinograda i povrtnjaka iz cele okoline. Uza sve te i druge stvari, među svima počeh da izlazim na glas kao pokvarenjak i lukavac. Gospoda su mi išla naruku, i jedva da su me i puštali da služim don Dijegu, koga sam uvek poštovao, što je bilo i pravo zbog njegove velike ljubavi prema meni.

GLAVA VII

O rastanku s don Dijegom, o vestima o smrti majke i oca,
i kakvu je odluku doneo u svojim stvarima za ubuduće

U to vreme, stiže don Dijegu pismo od oca, u čijim prevojima je bilo drugo od nekog mog ujaka po imenu Alonso Gedžonja, čoveka privrženog svakoj vrlini i veoma poznatog u Segoviji po svojoj bliskosti s pravdom, jer sva pravda koja je tamo izvršena, od pre četrdeset godina naovamo, kroz njegove je ruke prošla. Dželat je bio, da istinu kažem, ali pravi soko u svom poslu; kad ga čovek gleda kako radi, dođe mu milo da ga obese. Taj mi, dakle, napisa pismo u Alkalu, iz Segovije, i to ovakvo:

„Sine Pablose (jer me je toliko voleo da me je tako zvao) veliki poslovi na mestu na koje me je postavilo Njegovo Veličanstvo nisu mi ostavili vremena da ovo uradim; jer ako ima nešto loše u tome kad čovek služi Kralju, to je rad, mada za naknadu dobija sitnu crnu čast što je njegov sluga.

Teško mi je što moram da vam javim ne baš prijatne vesti. Vaš otac je umro ima tome osam dana, najhrabrije što je ikada ijedan čovek na svetu umro; kažem to kao onaj koji ga je obesio. Popeo se na magarca i ne stajući na uzengiju. Osuđenička halja stajala mu je kao za njega da je sašivena. I pošto je bio naočit, niko ga ne bi mogao videti onako s krstovima spreda, a da ne pomisli da je on čovek koga su obesili. Bio je veoma otresit, zagledao u prozore i dobacivao ljubazne reči onima koji su ostavljali svoje poslove da bi ga posmatrali; dva je puta usukao brke; nalagao je ispovednicima da počinu, pa ih hvalio kako lepo zbore.

Stigao je do stratišta, stupio nogom na stepenik, nije se penjao ni puzeći, ni vukući se, pa videvši da je jedan stepenik truo, okrenuo se straži i rekao da narede da se to popravi za sledećega, jer nemaju svi tako jak stomak. Ne bih umeo da vam dovoljno opišem kakav je utisak na sve ostavio.

Seo je gore, zabacio iza sebe nabore na haljinama, uzeo konopac i stavio ga oko šije. Videvši da sveštenik hoće da mu pridikuje, okrenuo mu se i rekao: „Oče, kao da ste već pridiku održali; hajte sad malo *Vjeruju*, pa da brzo svršavamo, jer ne bih voleo da izgledam opširan." Tako se i učini; naložio mi je da mu kukuljicu nakrivim nastranu, i da mu očistim bradu. Tako i učinih. Pao je ne zamahnuvši nogom i ne napravivši nikakav pokret; ostao je tako dostojanstven, da se od njega nije moglo više tražiti. Raščerečih ga, i drumovi mu behu grob. Sam Bog zna koliko mi je teško kad ga tamo gledam, posluženog gavranima na trpezu. Ali mislim da će nas pekari iz ovoga kraja utešiti, i da će ga ubaciti u pitu za četiri maravedija.

O vašoj majci, mada je sad još živa, gotovo da vam mogu reći istu stvar, pošto je u tamnici Inkvizicije u Toledu, zato što je pretresala mrtve da se ne umoljčaju, mada nije bila jezičara. U kući su joj našli više nogu, ruku i glava negoli u kakvoj čudotvornoj kapeli. A najmanje što je sa time radila bilo je da krpi i krivotvori device. Kažu da će nastupiti u priredbi na dan Svete Trojice, sa četiri stotine smrtonosnih udaraca. Teško mi pada što na sve nas baca ljagu, a naročito na mene, koji sam, na kraju krajeva, Kraljev službenik, i ovakva mi srodstva muke zadaju.

Sine, ovde je ostalo nekakvo skriveno blago vaših roditelja; biće sve u svemu čak četiri stotine dukata. Ujak sam vam, i sve što imam vaše će biti. Kad primite ovo pismo, možete doći ovamo, jer uz ono latinskog i retorike što znate, bićete jedinstveni u dželatskom zanatu. Odgovorite mi odmah, a u međuvremenu, Bog neka vas čuva."

Ne mogu da poreknem da me je mnogo pogodila ova nova uvreda, ali se delom razveselih (roditeljski poroci toliko su moćni, da mogu utešiti decu u njihovoj nesreći, ma koliko velika bila).

Otrčah don Dijegu, koji je čitao pismo od svoga oca, u kojem mu je ovaj nalagao da ode i da me ne vodi sa sobom, izazvan mojim nevaljalstvima za koja beše čuo. Reče mi da je rešio da ode, i da učini sve što mu otac nalaže, mada mu je teško što me ostavlja, a meni još teže; reče mi da će mi naći nameštenje kod drugog plemića, svog prijatelja, da mu služim. Ja se na to nasmejah i rekoh mu: „Gospodine, ja sam već drugi čovek, i moje su namere druge; viši su vrhovi kojima stremim i želim da imam više moći. Jer, ako sam do sada, kao i svako, tačno znao gde mi je mesto, sad znam i ko mi je otac." Rekoh mu da je umro časno koliko i najbolji među ljudima, kako su ga tranžirali i prodali po četiri maravedija, kako mi je pisao moj gospodin ujak, dželat, i o tome, i o maminom tamnovanju, jer sam se pred njim, pošto je znao ko sam ja, mogao otkriti bez stida. On se mnogo ražalosti i upita me šta mislim da činim. Ja mu rekoh svoje namere; i sa time, sledećeg dana, on otide u Segoviju prilično tužan, a ja ostadoh kod kuće, krijući svoju nesreću.

Pismo spalih da ga, ako mi se kojim slučajem zaturi, neko ne pročita, i počeh se spremam da pođem za Segoviju, u nameri da pokupim svoj imetak i upoznam rođake, samo da bih od njih pobegao.

KNJIGA DRUGA

GLAVA I

O putovanju iz Alkale u Segoviju, i šta se sve desilo
na putu do Rehasa, gde je te noći prespavao

Dođe dan da se odvojim od najboljeg života koji sam ikada imao. Sam Bog zna koliko sam žalio što sam ostavio tolike odane prijatelje, kojima nisam znao broja. Prodadoh ono malo što sam imao, kriomice, za put, i uz pomoć nekih prevara, skupih gotovo šesto reala. Unajmih mazgu i krenuh iz svratišta, odakle mi je ostalo još samo svoju senku da izvučem. Ko bi umeo ispričati obućarove muke zbog svega što mi je dao na veresiju, gazdaričine molbe da joj isplatim platu, domaćinovu viku zbog neplaćene kirije? Jedan je govorio: „Oduvek sam u duši znao!"; drugi: „Lepo su mi govorili da je on obična varalica!" Konačno, toliko omiljen napustih ovo mesto, da zbog moga odsustva polovina ostade plačući, a druga polovina smejući se onima što su plakali.

Ja sam se putem zabavljao, razmišljajući o tim stvarima, kad, prelazeći reku Torote, sretoh nekog čoveka na magarcu kako priča sam sa sobom i to jako brzo, toliko zanetog da me nije video ni kad sam bio pored njega. Ja ga pozdravih, i on mi otpozdravi; upitah ga kuda ide, i kad uzvratismo jedan drugome odgovorima, počesmo da pričamo o tome hoće li Turčin udariti i kakve su Kraljeve snage. Poče on da priča kako bi se mogla osvojiti Sveta Zemlja, i kako bi se mogao dobiti Alžir, i kroz taj razgovor videh da je on državni i vladin ludak, od onih što smišljaju sumanuta rešenja za velike državne probleme.

Nastavismo priču (svojstvenu probisvetima) i tako, reč po reč, dođosmo i do Flandrije. To je bilo ono zbog čega je počeo da uzdiše i da govori: „Skuplje mene koštaju te zemlje negoli Kralja, jer ima već četrnaest godina otkako sam našao rešenje koje bi, da nije nemoguće, sve dovelo u red." „Šta li to može biti", rekoh mu ja, „kad je toliko pogodno, da bude nemoguće i ne može da se uradi?" „Ko kaže Vašoj Milosti (reče on zatim) da ne može da se uradi? Da se uradi, može, a što je nemoguće, to je druga stvar. Neću da vas opterećujem, inače bih ispričao Vašoj Milosti šta je to, nego, videće se već, jer sad mislim da sve to objavim, zajedno s nekim drugim sitnim radovima, među kojima Kralju dajem i način na koji bi se Ostende mogao osvojiti iz dva pravca." Zamolih ga da mi više kaže, i on mi smesta, izvadivši iz džepova neki veliki papir, pokaza nacrtanu utvrdu našeg neprijatelja, i reče: „Evo, Vaša Milost lepo može videti da je teškoća u tome što se sve nalazi na ovom komadu mora; e, ja naređujem da se sve more isisa sunđerima, i da se ukloni odatle." Ja se na tu budalaštinu grohotom nasmejah, a on mi onda, pogledavši me u oči, reče: „Kome god sam rekao, uradio je isto što i vi, svi su se pokazali jako zadovoljni." „I ja sam zadovoljan", rekoh mu, „što čujem stvar tako novu i dobro zasnovanu, ali Vaša Milosti, imajte na umu da će, ako isušite vodu koje tad bude bilo, more ubaciti novu." „Neće more uraditi ništa slično, ja sam to dobro proučio, odgovori mi on, i tu više nema šta da se kaže; osim još i to da imam izum kojim ću spustiti more na toj strani za dvanaest stadija."

Ne usudih se da mu odgovorim iz straha da mi ne kaže da je smislio i kako će nebo spustiti ovamo dole. U životu nisam video takvog ludaka. Govorio mi je kako slavni italijanski inženjer Joanelo Turijano, koji je vodu Taha podigao do Toleda, nije uradio ništa, da je on sad smišljao kako će svu tu vodu popeti na drugi, lakši način. A kad se bude saznalo šta je to, reče, uradiće se kao čarobnim štapićem: „Vidite, Vaša Milosti, ko je na svetu tako nešto čuo!" I na kraju mi reče: „Ne mislim ja da to sprovodim u delo ako mi Kralj najpre ne dodeli zemlju, jer bih je mogao sasvim lepo imati, pošto već imam vrlo časnu plemićku povelju." Uz ovakve priče i zavrzlame stigosmo do Torehona, gde on ostade, jer je išao u posetu nekoj rođaki.

Ja produžih dalje, sve valjajući se od smeha zbog izuma na koje je on trošio vreme, kadli, Bogu hvala i u dobri čas, iz daljine videh odvezanu mazgu i nekog čoveka kako stoji pored nje i povlači neke crte koje meri šestarom. Okretao se i skakao s jedne na drugu stranu i, s vremena na vreme, stavljao jedan prst preko drugog, i radio hiljadu stvari, sve skačući. Priznajem da sam dugo (pošto sam stao da ga gledam iz daleka) mislio da je veštac, pa se bezmalo nisam usuđivao da prođem. Na kraju se reših, te kad priđoh blizu, on me ču, zatvori knjigu, i kad stavi nogu u uzengiju, okliznu se i pade. Ja ga podigoh, a on reče: „Nisam dobro izračunao prosek proporcije kružnice koju je trebalo da napravim kad se penjem." Nisam razumeo šta mi govori, pa se onda pobojah, šta li je to, jer sumanutijeg čoveka majka nije rodila.

Upita me idem li u Madrid pravom linijom, ili kružnicom. Iako ga nisam razumeo, odgovorih mu da idem kružno. Upita me čiji je mač koji nosim o boku. Odogvrih mu da je moj, a on ga pogleda i reče: „Ova garda morala bi biti duža, da bi odbijala udarce koji dolaze iz središta poteza." Te se toliko rastoroka, da sam bio prinuđen da ga upitam koji to predmet predaje. On mi reče da je istinski učitelj mačevanja, i da bi to mogao dobro raditi bilo gde. Meni bi smešno, pa rekoh: „Istinu da vam kažem, dok sam vas maločas gledao u polju, pomislio sam da ste veštac, kad sam video kakve krugove pravite." „To je (reče mi) zato što mi pade na pamet veličanstven potez za četvrti krug s velikom eskivažom, tako da mač produži i bez ispovesti usmrti protivnika, da ne bi rekao ko je to učinio, pa sam ja sve to matematički izračunavao." „Da li je moguće (rekoh mu ja) da u tome ima matematike?" „Ne samo matematike (reče) nego i teologije, i filozofije, muzike i medicine." „Za ovu poslednju ne sumnjam, jer se u toj veštini radi o tome da nekoga ubijete." „Ne podsmevajte se (reče mi) jer sad učim kako četkom protiv mača, sve u velikim potezima, koji u sebi sadrže degažee." „Ne razumem ni reč od onoga što mi govorite, ni veliku ni malu." „Onda će vam reći ova knjiga (odgovori mi) što se zove *Veličanstvenosti mača*, mnogo je dobra, čuda ima u njoj; da biste se uverili, kad večeras zanoćimo u Rehasu, videćete kakva čuda mogu da napravim s dva ražnja. Nemojte ni sumnjati da bi svako ko ovu knjigu pročita mogao ubiti koga god poželi." „Ta knjiga ili uči kako se kuga baca među ljude, ili ju je sastavio neki doktor." „Kako, doktor? Shvatite (reče mi) veliki je to učenjak, pa i više od toga, rekao bih."

Uz ovakvu priču stigosmo u Rehas. Stadosmo u nekom svratištu, i kako stadosmo, on mi glasno povika da nogama napravim tup ugao, pa da ih postavim paralelno i vertikalno se spustim na zemlju. Domaćin, koji vide da se smejem, a vide i njega, upita me da li je taj gospodin iz Indija, kad tako govori. Ja na to pomislih da ću da izludim. On tada priđe domaćinu, pa mu reče: „Gospodine, dajte mi dva ražnja, da napravim dva-tri ugla, odmah ću vam ih vratiti." „Isuse Hruiste! (reče domaćin) dajte vi meni, Vaša Milosti, te uglove ovamo, pa će vam ih moja žena na ražnju ispeći; mada su to neke ptice za koje nikad nisam čuo." „Šta! Nisu to ptice! (reče, okrenuvši se meni). Vidite li, Vaša Milosti, šta znači neznanje. Dajte ovamo ražnjeve, trebaju mi samo za mačevanje; možda će vam više vredeti ono što danas budete videli da radim, nego sve što ste u životu zaradili." Na kraju ražnjevi behu zauzeti, pa moradosmo da uzmemo kutlače.

Toliko smešne stvari svet nije video. On bi poskočio i rekao: „Ovom eskivažom dosežem dalje, i dobijam na stepenima postrance. Sad koristim slab dodir, da ubijem prirodno. Ovo je bod, a ovo sečenje." Nije mi prilazio ni na kilometar, i kružio je unaokolo s kutlačom, a pošto sam ja mirno stajao, izgledalo je kao da napada lonac da ne kipi. Na kraju mi reče: „Ovo je dobra stvar, a ne one baljezgarije kojima podučavaju pokvareni učitelji mačevanja, koji samo da loču umeju."

Nije to pošteno stigao ni da izusti, kadli iz jedne sobe iziđe neki mulat kezeći zube, sa šeširom nasađenim na suncobran i u prsluku od jelenje kože pod otvorenom košuljom punom traka, nogu krivih kao u carskog kopca, na licu mu *per signum crucis de inimicis suis*, na bradi kovrdže kao gvozdene kuke, brkovi poput garde na maču, i s bodežom na čijoj gardi je bilo više mrežica nego u primaćim sobama časnih sestara. I gledajući u zemlju, reče: „Ispit sam položio,

imam i majstorsko pismo, i tako mi sunca što greje hlebno žito, iseći ću na komade svakoga ko se bude ružno poneo prema dičnom sinu poput mene, što sledi nauk ove veštine."
Ja ulučih priliku i isprečih se između njih, te mu rekoh da onaj ne razgovara s njim, i da nema razloga da se ljuti. „Ruku na oružje, ako ga imate, da raščistimo koja je istinska veština; ostavite se vi kutlača."

Moj drugar, nevoljnik, otvori knjigu, pa reče na sav glas: „Ova knjiga tako kaže, a odštampana je s Kraljevim odobrenjem, i tvrdiću da je istina to što kaže, s kutlačom ili bez kutlače, ovde i na drugom mestu, a u protivnom, da izmerimo." Pa izvadi šestar i poče da govori: „Ovaj ugao je tup." Tada majstor izvadi bodež i reče: „Ne znam ja koji vam je to ugao ni ko je ovde tup, niti sam se u životu bavio takvim ljudima; ali ovom ću vas mišicom u komade iseći."

Nasrnu na ubogog đavola, koji poče da beži, skačući po kući i govoreći: „Ne možete da me pogodite, pretekao sam vas za nekoliko stepeni iz profila." Smirismo ih domaćin i ja, i drugi svet koji se tu zatekao, mada se od smeha nisam mogao ni pomeriti.

Staviše doboroga čoveka u njegovu sobu, i mene s njim; večerasmo, i svi u kući polegasmo. A u dva ujutro, ustane on u košulji i počne da u mraku tumara po sobi, skačući i govoreći hiljade besmislica na jeziku matematike. Probudi i mene, i ne zadovoljivši se time, siđe do gostioničara da mu osvetli, rekavši da je tačno našao mesto udarca pod lukom preko tetive. Gostioničar ga je poslao dođavola što ga budi, i toliko se naljutio da ga je nazvao ludakom. Na to se on pope i reče mi da ću, ako budem hteo da ustanem, videti čuveni potez koji je smislio protiv Turčina i njegove sablje dimiskije. Kaže, posle će otići Kralju da mu ga pokaže, pošto je to za dobro katolika.

Uto svanu; odenusmo se obojica, platismo prenoćište, pomirismo ga s majstorom, koji se ogradi govoreći da je knjiga koju navodi moj drug dobra, ali da je napravila više ludaka nego veštih mačevalaca, jer je većina ne razume.

GLAVA II

O tome šta mu se dogodilo dok nije stigao u Madrid, s nekim pesnikom

Ja krenuh za Madrid, i on se oprosti od mene jer je išao drugim putem. Već se bio udaljio, kadli se vrati velikom brzinom, i dozivajući me na sav glas, mada smo bili u polju, gde nas niko nije čuo, reče mi na uho: „Vašeg života radi, ne govorite ništa o onim visokim tajnama koje sam vam saopštio po pitanju veštine, zadržite ih za sebe, jer je to stvar duboko umna." Obećah mu da ću tako učiniti; on se ponovo udalji, a ja počeh da se smejem tako zabavnoj tajni.

Potom sam išao više od jedne lige i nisam nikoga sreo. Razmišljao sam o mnogim teškoćama koje sam imao na putu časti i vrline, jer je najpre trebalo zataškati ono malo što su ih imali moji roditelji, pa potom imati još toliko, da me više niko ne bi mogao prepoznati. Ove časne misli toliko su mi se dopale, da sam sebi na njima zahvaljivao. Govorio sam: „Više treba sebi da zahvalim, jer nisam imao od koga da se naučim časti, niti na koga da se ugledam u njoj, negoli onaj ko je od svojih dedova nasledi."

S takvim sam mislima i razmatranjima išao, kad naiđoh na nekog jako starog popa na muli, koji se zaputio ka Madridu. Zapodenusmo razgovor, pa me on upita odakle dolazim; rekoh mu, iz Alkale. „Bog da prokune (reče on) sve te zle ljude koji u njoj žive, jer tamo nema nijednog čoveka s mozgom." Upitah ga kako i zašto može tako nešto da kaže za onakvo mesto u kojem žive toliku učeni ljudi. A on, jako ljut, reče: „Učeni? Reći ću Vašoj Milosti koliko su učeni, kad već više od četrnaest godina ja u Mahadaondi (gde sam bio crkvenjak) sastavljam slavske pesme za Telovo i za Božić, i na pesničkom turniru nisu nagradili nijednu moju pesmicu; a da bi Vaša Milost videla koliko je to bezumlje, pročitaću vam ih, jer znam da će vas razgaliti." Rečeno, učinjeno, te on isuka pregršt strofa, koje su se širile kao kuga, i po prvoj, a to je ova, poznaće se i sve ostale:

> Pastiri, zar ova šala ne blista?
> Danas slavimo sveca Telovo Hrista
> Danas je dan za igranke
> Kada je Jagnje bez mrlja
> Počelo da srlja
> U naše prazne stomake,
> I na srećne sastanke
> Ulazi u ljudsku utrobu.
> Nek se zatrubi u trubu,
> Za naše dobro ono na to prista,
> Pastiri, zar ova šala ne blista?

„Šta bi više mogao reći (reče mi) i sam onaj ko je šalu izmislio? Pogledajte samo kakvu tajnu sadrži reč *pastiri*; za nju mi je trebalo više od mesec dana proučavanja." Na to ne mogoh da se uzdržim od smeha, koji mi je kuljao na oči i na nos, pa cerekajući se, rekoh: „Veličanstvena stvar! Samo, primetio sam da kažete *svetac Telovo Hrista*. A Telovo nije svetac, nego dan kad je ustanovljeno pričešće." „Kako je to zanimljivo! (odgovori mi on, podsmehujući se.) Pokazaću vam kalendar, da vidite da je kanonizovan, dajem glavu da je tako."

Nisam mogao da navaljujem, izbezumljen od smeha kad sam video tako veliko neznanje. Radije mu rekoh da je tačno da su njegove pesme dostojne svake nagrade, i da u životu nisam čuo tako zabavnu stvar. „Niste? (reče on istog trenutka) e, onda Vaša Milost neka sasluša i odlomak iz ove knjižice koju sam napravio o jedanaest hiljada devica, gde sam svakoj od njih sastavio po pedeset oktava, divna stvar." Ja, da se izvučem od slušanja tolikih miliona oktava, zamolih ga da mi ne recituje božanske stihove. Onda mi on poče deklamovati komediju koja je trajala više dana nego put za Jerusalim. Reče mi: „Napisao sam je za dva dana, i ovo je skica." A beše to čitav naramak papira. Naslov je bio *Noje-*

va barka. Cela se odvijala između pevaca i miševa, magaraca, lisica, vukova i divljih veprova, kao Ezopove basne. Ja pohvalih zamisao i maštu, na šta mi on odvrati: „Ja sam ovu stvar sačinio, ali nema joj ravne na svetu, a novina je važnija od svega, te ako uspem da je negde prikažem, biće to čuvena stvar." „Kako ćete je prikazati, (rekoh mu ja) ako treba da učestvuju životinje, a one ne govore?" „U tome je poteškoća, jer da toga nema, zar bi bilo uzvišenije stvari? Ali zamislio sam da je napravim celu s papagajima, drozdovima i svrakama, koji govore, a u međuigri da ubacim majmune." „Svakako, uzvišena stvar." „Još jednu tako uzvišenu sam ja napravio (reče) za ženu koju ljubim. Pogledajte, devetsto jedan sonet i dvanaest redondilja (izgledalo je kao da broji škude sve u sitnom novcu) posvećenih nogama moje dame." Ja ga upitah da li ih je video, i odgovori mi da ništa slično nije učinio zbog naloga koji mu je dat, nego su ti pojmovi ustvari proročanstva. Priznajem da sam se, iako me je zabavljalo da ga slušam, uplašio od tolikih loših stihova, pa zapodenuh priču o drugim stvarima. Rekoh mu da vidim zečeve, a on poskoči: „E, baš ću početi sonetom u kojem je poredim s tom životinjom." Pa bi onda počeo, a ja, da mu skrenem pažnju, rekoh: „Zar ne vidite, Vaša Milosti, onu zvezdu što se vidi i po danu?", na šta on reče: „Kad završim prvi, odrecitovaću vam trideseti, u kojem je nazivam zvezdom, sve mi se čini kao da znate šta sam u sonete stavljao."

Ja se toliko ražalostih kad videh da ne mogu da pomenem ništa povodom čega on neku besmislicu nije sastavio, te kada videh da stižemo u Madrid, bio sam van sebe od sreće, misleći da će on od stida zaćutati, ali se desilo obrnuto, jer, da bi pokazao ko je, on podiže glas kad se nađosmo na ulicama. Molio sam ga da prestane, predočavajući mu da, ako deca nanjuše pesnika, neće ostati ni parčeta povrća koje se neće sručiti za nama, pošto su pesnici proglašeni za ludake u ukazu koji je protiv njih izišao, a što ga je napisao neki bivši pesnik koji se posvetio poštenom životu. On me zamoli da mu ga pročitam ako ga imam, veoma utučen. Obećah mu da ću to učiniti u krčmi. Otidosmo u krčmu, gde je on obično odsedao, i na vratima zatekosmo više od dvanaest slepaca. Jedni ga prepoznaše po mirisu, a drugi po glasu. Zažagoriše mu dobrodošlicu; on svakoga od njih zagrli, pa potom jedni počeše da mu traže molitvu za Pravednog Sudiju u oštrom i zvučnom stihu, tako da podstiče na davanje milostinje; drugi mu zatražiše štogod za pokoj duše, i tu se dogovoriše, i svaki od njih mu dade po osam reala za kaparu. On se oprosti od njih i reče mi: „Slepci mi vrede više od trista reala, tako da ću se, uz dopuštenje Vaše Milosti, sad malo povući, da sastavim neku pesmu, pa kad budemo ručali, saslušaćemo ukaz."

O, bednog li života! Jer nema bednijeg od života ludaka koji zarađuju za hleb od onih koji su i sami bedni.

GLAVA III

O tome šta je radio u Madridu, sve dok nije stigao
do Sersedilje, gde je prespavao

On se malo povuče da proučava jeresi i gluposti za slepce. Uto dođe i vreme ručku; ručasmo, pa me on onda zamoli da mu pročitam ukaz. Pošto nisam imao šta drugo da radim, ja ga izvadih i pročitah mu ga. Isti vam ovde stavljam na uvid jer mi se učinio oštrouman i zgodan da prekori, što se njime i htelo. Kaže ovako:

Ukaz protiv pesnika zvekana, tikvana i prdizveka

Crkvenjaka uhvati najveći smeh na svetu, pa reče: „A ja već pomislio! Za ime Božije, razumeo sam da o meni govori, a ono samo protiv pesnika prdizveka." Mnogo me je razveselilo kad sam ga čuo šta priča, kao da on u svemu tome baš ni luk jeo, ni luk mirisao. Preskočio sam prolog i počeo od prvog poglavlja, koje kaže:

„Imajući u vidu to da i ona vrsta gamadi koju nazivaju pesnicima spada među naše bližnje, i među hrišćane, mada loše; videći da po celu godinu udešavaju obrve, zube, svilene trake i papuče, i čine druge bezmerne grehe, naređujemo da se za Svetu Nedelju svi javni pesnici uličari pokupe kao posrnule žene, i da im se održe pridike i prinesu raspeća, da ih preobrate. U tu svrhu određujemo kuće za pokajnike.

Item, uviđajući koliko je velika omorina na nesnosnoj letnjoj žezi nikada neomrklih pesama sunčevih pesnika, sasušenih poput suvog grožđa od silnoga sunca i zvezda što ih troše na pravljenje istih, osuđujemo ih na večitu ćutnju o nebeskim stvarima, naznačujući mesece u kojima je zabranjen lov na muze, kao što je to kod divljači i ribe, da ne bi bile istrebljene kao vrsta, kad ih takvom brzinom jure.

Item, uzevši u obzir da je ta paklena sekta na večni *concetto* osuđenih ljudi, raskomadača reči i zavrtača pameti, zarazila bolešću poezije i žene, izjavljujemo da smatramo kako smo se ovim zlom što smo im ga naneli odužili za ono koje su one nama nanele dajući nam jabuku. A pošto je ovo vek jada i bede, naređujemo da se strofe pesnika spale, kao pohabane draguljima protkane rojte, da bismo iz njih povadili zlato, srebro i bisere, jer u većini stihova oni svoje dame od svakojakih metala prave, poput kipova Nabukodonosorovih."

Ovde crkvenjak više nije mogao da otrpi, pa ustade na noge i reče: „Ni manje ni više, nego da nam otmu našu imovinu! Nemojte dalje, Vaša Milosti, jer povodom ovoga nameravam da se obratim Papi, potrošiću sve što imam. Baš lepo što sam ja, koji sam svešteno lice, morao ovakvu uvredu da istrpim. Pokazaću da strofe kleričkog pesnika ne potpadaju pod ovaj zakon, a onda hoću da to i na sudu dokažem."

Delom mi dođe da se nasmejem, ali da se ne bih zadržavao, jer sam već kasnio, rekoh mu: „Gospodine, ovaj ukaz sastavljen je da uveseli, nema on nikakvu snagu niti vas na bilo šta primorava, jer ga vlast nije potvrdila." „Jao meni, grešniku!" (reče on veoma uznemireno). „Da ste me samo na to upozorili, Vaša Milosti, pa bismo uštedeli najveću teskobu na svetu. Znate li šta znači kad se čovek nađe sa osam stotina strofa u gotovini, pa čuje ovako nešto? Nastavite, i Bog neka vam oprosti što ste me ovako uplašili." Ja nastavih rečima:

„*Item*, zapažajući da, pošto više nisu Mavari (mada neke mavarske relikvije još čuvaju) sad postadoše pastiri, zbog čega su se stada osušila sve pijući njihove suze, osmudila se na njihovim usplamtelim dušama, i toliko im se u glavi zamantalo od njihove muzike, da ne pasu, naređujemo da se manu ćorava posla, i određujemo da budu pustinjaci, prijatelji samoće. A ostali, pošto je to zanat veseo i pun pošalica, neka nađu nameštenje kao mazgari."

„Neki podrepaš, rogonja, nabiguz i židov (reče on na sav glas) naredio je ovako nešto! Kad bih znao ko je to, napravio bih ja njemu satiru, u takvim strofama da bi presele i njemu i svakome ko bi ih video, samo od toga što ih vide. Pogledajte samo kako bi ćosavom čoveku kao što sam ja pristajalo da bude pustinjak! Ili nekome ko ovako voli da se vincem pričesti, da bude mazgar! Ej, gospodine, teška je to muka." „Već sam rekao Vašoj Milosti (odgovorih) da je sve to šala, i da kao šalu treba da je saslušate."

Nastavih govoreći da, kako bismo sprečili veliku krađu, naređujemo da se ne prenose strofe iz Aragonije u Kastilju, niti iz Italije u Španiju, pod pretnjom da će pesnik koji tako nešto uradi, biti primoran da ide lepo obučen, a ako istu stvar ponovo uradi, da će ceo sat morati da bude umiven.

Ovo mu se mnogo dopalo, pošto je nosio mantiju koja mu je od silne starosti osedela, i bila toliko blatom izbljuzgana da, kada bi ga sahranjivali, dosta bi bilo samo tu mantiju preko njega da prostru. A ogrtačem bi se dva vinograda mogla nađubriti.

I tako, napola u šali, rekoh mu da se naređuje i da se među očajnike koji se bese i u bezdan bacaju, pa se kao takvi ne sahranjuju u osveštanu zemlju, ubroje i sve žene koje se zaljube u čoveka samo zato što je pesnik. I videći veliku žetvu redondilja, kancona i soneta što ih je bilo tokom ovih rodnih godina, naređuje se da rukopisi koji po zaslugama uteknu od sudbine da završe u bakalnici, budu poslati u nužnike, bez priziva.

I na kraju, stigoh do poslednjeg člana, koji kaže ovako: „Ali videći, i to milosrdnim očima, da u ovoj državi postoji tri vrste ljudi koji su toliko bedni, da ne mogu živeti bez ovakvih pesnika, a to su komedijaši, slepci i crkvenjaci, naređujemo da mogu postojati neki javni službenici od ovog zanata, pod uslovom da dobiju majstorsko pismo od pesničkih poglavica iz određenog kraja. S tim da se komedijaškim pesnicima ne dozvoli da međuigre završavaju sa batinama i đavolima, niti komedije venčanjima. A slepačkim, da se ne dozvoli da događaje smeštaju u Tetuan, i da se proteraju ove reči: *hristijan, ljubezna, čovečanski* i *samoljubije*; i da im se naloži da, kad hoće da kažu *prikazano delo*, ne ispadne da su rekli *prikaza i nedelo*. A crkvenjačkim, da ne prave slavske pesme gde stalno ima neki *Hil* i *Paskual*, da se ne igraju rečima, niti da klepaju misli-vrteške, u kojima samo promeniš ime, pa služe za svakog sveca.

I konačno, svim pesnicima zajedno naređujemo da se okanu prizivanja Jupitera, Venere, Apolona i drugih bogova, pod pretnjom da će ih oni i zastupati u samrtnom času."

Svima koji su saslušali ukaz učinilo se da je to najbolje što se može reći, i svi mi zatražiše da načine njegov prepis. Samo onaj crkvenjak poče da se kune svojim životom uz svečano večernje, *introibo* i *kyrie*, da je to satira na njegov račun, zbog onoga što kaže za slepačke pesnike, a on bolje nego iko zna šta treba da se radi. I na kraju reče: „Ja sam čovek koji je bio u istoj sobi s Linjanom, i više od dva puta sam s Espinelom ručavao." I da se u Madridu našao toliko blizu Lopea de Vege, kao sad evo pored mene, i da je video don Alonsa Ersilju hiljadu puta, i da u kući drži portret božanskog Figeroe, i da je kupio gaće koje je Padilja ostavio kad se načinio fratar, i da ih i dan-danas nosi, iako su upropašćene. Pokaza nam ih, i to svima bi toliko smešno, da nisu hteli iz krčme da iziđu.

Konačno, već je bilo dva sata, i pošto se moralo na put, krenusmo iz Madrida. Ja se oprostih od njega, mada mi je to teško palo, i krenuh putem kroz planinu. Htede Bog te, da ne bih mislio na nevolju, naiđem na nekog vojnika. Išao je lake noge i lake duše, zabacio šešir, podvrnuo pantalone, s košuljom obešenom o mač, cipele zadenuo u džepove, zajedno s papučama i lanenim gaćama, s fišecima u opasaču i malo zaliha u limenim kutijama za hartiju. Onda zapodenusmo razgovor; upita me dolazim li iz Prestonice; rekoh da sam tamo bio u prolazu. „I ne treba više od toga (reče on zatim) jer je to mesto za propalice. Više volim, tako mi Hrista, da ostanem na jednom mestu, u snegu do pojasa, da šiljbočim i brojim sate kao časovnik, da gloděm drvo, negoli da trpim podvale kakve smeštaju poštenim ljudima. A kad stignemo u to đavolje mestašce, pošalju nas da kusamo iz siromaškog kazana i da jašemo sopstvene tabane, na stepeništu kod Svetog Filipa, gde se svakodnevno okuplja državni savet da divani i stoji na ratnoj nozi, ali bez krova nad glavom. Još za života od nas naprave vojničke duše na mukama, da tumaramo po grobljima; ako tražimo hleba, oni nam daju igara, akoli masti, kažu, već smo svim mastima premazani. I tako, sve nas pojedoše vaške i gostioničari, pa još u ovoj našoj koži, golim rukama treba da davimo Mavare i jeretike."

Na to mu ja skrenuh pažnju da u Prestonici ima svega i svačega, i da je svaki čovek od zanata na ceni.

„Šta cene (reče on vrlo ljutito) kad sam ja šest meseci proveo tražeći čin kapetana, posle dvadeset godina službe, i pošto sam krv prolio služeći Kralja, kao što ove rane kažu?" Pa htede da skine gaće, da pokaže koliko se istakao. Ja rekoh: „Moj gospodine, kad čovek skida gaće, ističe se pred nabiguzima, i teško da će tako rane pokazati", jer mislim da je hteo šuljeve da mi pokaže kao ubode. Onda mi pokaza još dva belega na petama, pa reče da je to od tanadi, a ja zaključih, po druga dva koja sam ja lično imao, da su to ozebline. A i tane će retko kad baš za petu da ugrize. Šepao je zbog batina koje je dobio, jer je spavao na straži, a reče da mu je to od taneta. Skide šešir da mi pokaže glavu; imao je šesnaest šavova na licu, jer mu je toliko uboda zadao nož koji mu je nos razderao. Imao je još tri ožiljka, od čega mu je lice bilo išpartano kao mapa.

„Ovo sam dobio (reče) braneći Pariz, služeći Bogu i Kralju, i zbog toga mi je lice izrovašeno, a nisam dobio ništa osim lepih reči, koje sad stoje umesto zlih dela. Pročitajte ove hartije, reče mi, tako vam života licencijatskog, jer nema čoveka, tako mi Hrista, nema tog, kunem se Bogom, koga su toliko izbrazdali!" A pravo je i govorio, jer ga vala i jesu išarali, i to sve od batina. On poče da vadi smotuljke papira iz limenih cevčica i da mi ih pokazuje, a mora biti da su pripadali nekome drugom, čije je ime uzeo. Ja ih pročitah, i rekoh hiljadu stvari njemu u pohvalu, i da ni Sid ni Bernardo nisu učinili toliko koliko on. On na to skoči i reče: „Koliko ja? Tako mi Boga! Ma nisu ni koliko Garsija Paredes, Hulijan Romero i drugi valjani ljudi, đavo neka ih nosi! Znam da tada nije bilo artiljerije, tako mi Boga, a u ovo vreme Bernardo ne bi izdržao ni jedan sat. Raspitajte se, Vaša Milosti, u Flandriji za Škrbine podvige, pa ćete videti šta će vam reći." „Da to možda niste vi?" (rekoh mu ja) a on odgovori: „A ko bi drugi? Zar ne vidite kakvi su mi škrbavi zubi? Nemojmo sad o tome, nije lepo da čovek samog sebe hvali."

Sve u tim pričama, naiđosmo na nekog pustinjaka na magaretu, s bradom toliko dugačkom, da mu se sva u blato uvaljala, mršavog i odevenog u sive krpe. Pozdravismo se uobičajenim *Bože pomozi*, pa on poče da hvali žito, i milosrđe Božije koje se na njemu vidi. Vojnik skoči i reče: „Ah, oče! Gušća su bila koplja što sam nad sobom gledao, a kunem se Hristom da sam u pljački Antverpena uradio sve što sam mogao, Bogom se kunem!" Pustinjak ga prekori što se toliko kune, a na to ovaj reče: „Oče, vidi se da niste vojnik, kad moj zanat prekorevate." Meni bi toliko smešno kad videh šta je za njega vojnički zanat, pa zaključih da je on kukavni lupež, jer među vojnicima nema omraženije navike, a naročito među onim najboljim. Pustinjak mu reče: „A gde je Vaša Milost ostavila košulju iz Antverpena, jer ova vaša pre izgleda kao da se 1212. borila u bici kod Navas de Tolose, a neka iz Antvrepena bi vas bolje pokrila? Vojnik se mnogo smejao tom pitanju, kao i pustinjak njegovoj golotinji, i tako stigosmo do planinskog prevoja, pustinjak prevrćući brojanicu poput tovara cepanica zaobljenih u kugle, tako da bi svako *zdravomarija* odjeknulo kao bilijarske kugle kad se sudare. Vojnik je poredio litice sa zamkovima koje je video, sve gledajući koje je mesto dobro branjeno i gde bi trebalo postaviti artiljeriju. Ja sam čas gledao pustinjakovu brojanicu s onim divovskim kuglama, čas vojnikov mač. „Eh, kako bih ja barutom razneo veliki deo prevoja (govorio je) i putnicima učinio dobro delo!" „Nema ničega ravnog činjenju dobrih dela", reče sveti čovek, pa duboko uzdahnu da to i potvrdi. Molio se u sebi, sve pišteći kao guja.

Uz sve ove zabavne stvari, stigosmo do Sersedilje. Uđosmo u gostionicu sva trojica zajedno, već po mraku; naredismo da nam spreme večeru, bio je petak, a za to vreme pustinjak reče: „Da se malo zabavimo, jer je lenčarenje majka poroka; da igramo *zdravomarije*." Pa iz rukava izvadi karte.

Meni bi mnogo smešno kad sam to video, kad se setih onog brojanja brojanica. Vojnik reče: „Ne, nego hajde da igramo do sto reala, koliko imam, onako prijateljski." Ja se polakomim, pa kažem da ću isto da stavim sto reala, a pustinjak, da ne kvari igru, pristade, i reče da nosi ulje za lampe koje vredi i do dvesta reala. Priznajem da sam pomislio da ću ja biti ta sovuljaga koja će mu ga popiti, ali dabogda se Turčinu svaka namera izjalovila kao ova meni.

Igrali smo pariranje, i dobro je bilo to što on reče da ne zna tu igru, pa je tražio da mu pokažemo. Srećnik nas pusti da bacimo dve ruke, a onda nas tako opelješi da na stolu ne ostade ni žute banke. Postao nam je naslednik za života; natovari ga lopuža na grbaču, došlo mi da se rasplačem. Izgubio bi jednu prostu ruku, a dobio tuce onih lukavih. Vojnik se pri svakom deljenju po dvanaest puta zavetovao i isto toliko puta jadikovao, i svojim se životom kleo. Ja pojedoh sve nokte, a frater svoje spusti na moje pare. Nije bilo tog sveca koga nije prizivao; karte su nam bile kao Mesija, one nikako da dođu, a mi ih stalno čekamo.

Na kraju nas je očerupao; hteli smo da igramo na zalog, a on, pošto mi je uzeo šesto reala, a to je bilo sve što sam poneo, i vojniku stotinu, reče da je sve to zabava, i da smo svi mi svoji, i tu više nema šta da se priča. „Nemojte da kunete (reče) vidite da je meni, pošto sam se Bogu preporučivao, sve dobro izišlo." I pošto nismo znali koliko je vešt od prstiju do rukava, poverovasmo mu, i vojnik se zakle da više neće kleti, a i ja isto tako. „Teško meni", zausti siroti barjaktar (tad mi tek reče šta je) „među luterancima i Mavarima sam bio, ali me nisu ovako odrali."

On se na sve to smejao. Ponovo je izvadio brojanice da se moli. Ja, koji više ni prebijene pare nisam imao, zamolih ga da mi plati večeru i do Segovije gostionicu za obojicu, jer smo ostali kao crkveni miševi. On obeća da će tako učiniti. Pojede šezdeset jaja – ništa slično u životu nisam video! Reče da ide na počinak.

Svi smo spavali u velikoj prostoriji s drugim ljudima kojih je tamo bilo, jer su sobe bile zauzete. Ja legoh veoma tužan; a vojnik pozva gostioničara, te mu poveri svoje papire što ih je nosio u limenim kutijama, zajedno sa smotuljkom penzionisanih košulja. Polegasmo; otac se prekrsti, a mi primismo njegov blagoslov. On zaspa; ja, ni da trenem, sve smišljajući kako da mu uzmem novac; vojnik je pričao u polusnu o stotinu reala, kao da je to nešto čemu više nema pomoći.

Dođe vreme da se ustaje; ja brzo zatražih svetlo; doneše mi ga, i gostioničar donese vojniku smotuljak, ali zaboravi na papire. Siroti barjaktar svu kuću diže na noge svojom vikom, tražeći da mu daju dokaze da se skinuo. Gostioničar se zbuni, i kako smo svi vikali neka ih poda, on otrča i donese tri para gaća, govoreći: „Evo svakome po jedne. Hoćete li još dokaza?"; jer je pomislio da tražimo da pokrijemo golotinju. Eto ti ga na, diže se vojnik s mačem pa drž' za gostioničarom, onako u košulji, kunući se da će ga ubiti što mu se podsmeva, njemu koji se tukao kod Lepanta, Sen Kentena, i u drugim bitkama, a sad mu donose gaće umesto papira koje je dao. Svi potrčasmo za njim da ga zadržimo, i opet ne mogadosmo. Gostioničar je govorio: „Gospodine, Vaša Milost je tražila dokaz da se skinula; nisam ja obavezan da znam da u vojničkom jeziku tako kažu za papire o vojnoj službi." Umirismo ih i vratismo se u gostionicu.

Pustinjak, podoziv, ostade u krevetu, rekavši da mu je od straha pozlilo. Platio je za nas, pa krenusmo iz tog mesta u pravcu planinskog prolaza, ljuti zbog toga kako se stvar s pustinjakom završila i što videsmo da nismo mogli da mu uzmemo novac.

Naiđosmo na nekog Đenovljanina, to jest, na jednog od onih antihrista što su se namerili na španski novac, koji se penjao preko prevoja sa pažom za sobom, on onako sa svojim suncobranom, baš pun para. Zapodenusmo razgovor s njim; on stalno navrće na priču o maravedima, jer to su ljudi koji su od prirode rođeni za kesu. Poče da pominje Bezanson, te da li je dobro ili nije Bezansonu ostavljati novac, toliko da ga vojnik i ja upitasmo ko mu je pa taj gospodin. On na to odgovori, smejući se: „To je mesto u Italiji, gde se skupljaju poslovni ljudi, koje tamo zovemo varalice s perom, da stavljaju cene prema kojima će se novac upravljati."

Otuda zaključismo da se iz Bezansona diriguje dugoprstim muzičarima.

Zabavljao nas je putem pričajući kako je izgubljen pošto je propao njegov bankar, kod koga je držao više od šezdeset hiljada škuda. I sve se kleo u svoju savest, mada ja mislim da je savest kod trgovca isto što i devičanstvo kod uličarke, nešto što se prodaje, iako ga nema. Bezmalo niko u tom poslu savesti nema, jer pošto su čuli da i za sitnicu ume da ugrize, otarasili su je se još pri rođenju, zajedno s pupčanom vrpcom.

Uz ovakve razgovore, ugledasmo zidine Segovije, i meni se pogled razgalio uprkos uspomenama, pošto je ono što se kod Kabre događalo protivrečilo mome zadovoljstvu. Stigoh u mesto, i već na ulazu, videh oca na drumu kako čeka da ga onako raščerečenog, u vrećama odnesu u Josafatovu dolinu. Raznežih se, te uđoh nešto neprepoznatljiviji nego što bejah otišao, s naraslom bradom, dobro odeven.

Ostavih društvo; i pomislivši ko bi, osim stuba srama, najbolje u mestu poznavao moga ujaka, ne nađoh nikoga da mu se obratim. Prilazio sam mnogim ljudima da ih pitam za Alonsa Gedžonje, i niko nije o njemu ništa znao da mi kaže, govoreći da ga ne poznaju. Mnogo se obradovah kad videh koliko je valjanih ljudi u mome mestu, kadli, dok sam se time bavio, začuh dželatskog dobošara kako telali, i svoga ujaka kako se i sam glasa. Nailazila je povorka golaća, svi gologlavi, idu pred mojim ujakom, a on se sve kao nećka da ih mlati šibom, držeći je u ruci, i javno muzicira, gudi li gudi po rebrima pet lauta, samo što su ove umesto žica na sebi imale konopce. Ja sve to gledam zajedno s nekim čovekom kome sam rekao, pitajući za njega, da sam veliki gospodin, kad ugledam svog dobrog ujku kako, čim me opazi (jer je blizu prolazio) navali da me grli i naziva sestrićem. Htedoh da umrem od stida; nisam se oprostio od onoga s kojim sam stajao.

Pođoh za ujakom, i on mi reče: „Sad možeš sa mnom, dok završim s ovim ljudima; evo već se vraćamo, i danas ćeš ručati sa mnom." Videh da sam ni tamo, ni 'vamo, i da ću onako pritešnjen još umalo i šibu da izvučem, te mu rekoh da ću ga tu sačekati; pa se udaljih toliko postiđen da mu se, samo da od njega nije zavisilo hoću li naplatiti svoje imanje, ne bih u životu više obratio, niti se pred ljudima pojavljivao. On im izbroja rebra, vrati se i povede me svojoj kući, gde ostadoh da ručamo.

GLAVA IV

O tome kako ga je ujak ugostio, o posetama,
kako je naplatio nasledstvo, i vratio se u prestonicu

Imao je moj dobri ujka stan pored klanice, u kući nekog vodonoše. Uđosmo unutra, i on mi reče: „Svratište nije baš dvorac, ali kunem vam se, sestriću, da je zgodno mesto za obavljanje mojih poslova." Popesmo se stepeništem, takvim da sam samo čekao da vidim šta će se gore desiti, i razlikuje li se po nečemu od stepenica koje vode na vešala.

Uđosmo u neku prostoriju toliko nisku da smo se po njoj kretali kao da primamo blagoslov, pognute glave. On okači šibu o klin, koji se nalazio tamo gde je bilo još drugih s konopcima, omčama, noževima, kukama za razapinjanje i drugim alatom njegovog zanata. On mi reče, zašto ne skinem ogrtač i ne sednem; ja mu odgovorih da mi to nije običaj. Sam Bog zna kako mi je bilo kad sam video sramotu svoga ujaka, koji mi reče da sam imao sreće što sam naišao na njega u tako zgodnoj prilici, i da ću se dobro najesti, pošto je pozvao neke prijatelje.

Uto, na vrata uđe u odeždi (sve do stopala) modroljubičastoj, jedan od onih što prose za pokoj duša, pa sve zveckajući kasicom, reče: „Danas su mi duše vredele toliko, koliko i tebi tvoji kažnjenici: daj ruku." Pa jedan drugome natrljaše noseve. Podvrnu bezdušni dušebrižnik mantiju, pa ostade onako krivonog u lanenim gaćama, i poče da igra i da zapitkuje, da li je došao Klemente. Moj ujak reče, nije, kadli, Bog i duša, u dobri čas, umotan u neke krpe, u drvenim nanulama, uđe neki žirov duvač, hoću da kažem, svinjar. Poznadoh ga (da izvinete) po rogu koji je nosio u ruci. On nas pozdravi na svoj način, a za njim uđe neki mulat, zrikavi levak, šešir mu s više prevoja nego što ih ima na planini, i s klobukom većim nego orahova krošnja, a mač s više ukrasa nego što Kraljevi lovci imaju sokolova, u tesnoj odeći od jelenske kože. Lice mu je bilo kao vezeno, od silnih ožiljaka što su mu ga prekrivali.

Ušao je i seo, pozdravivši sve u kući; moj ujak mu reče: „Vere mi, Alonso, Krnja i Ždera su dobro platili." Onaj s dušama skoči i reče: „Četiri dukata sam dao Strelici, dželatu u Okanji, da brže potera magarca, i da ne nosi trostruki bič, kad me ono isprašiše." „Bogu hvala! Reče stražarski pomoćnik, ja sam, Boga mi, Huanasu iz Mursije naplatio i više nego dobro, jer se magare šetkalo kao patkica, a mamlaz mi ih je nameštao tako da su samo masnice ostale." A svinjar će, seireći: „Moja su leđa devičanska." „Svakom krmku dođe sveti Mrata", reče dušebrižnik. „Time ja mogu da se pohvalim, reče moj dobri ujka, među svima koji bičem mlate, da onome ko se meni preporuči, nikad ne propustim da se odužim. Ovi danas dali su mi šezdeset, pa su i šibu dobili prijateljsku, jednostruku."

Kad sam video koliko je častan svet s kojim moj ujak razgovara, priznajem da sam pocrveneo, pošto nisam mogao da sakrijem svoju postiđenost. Stražarski pomoćnik to primeti, pa reče: „Je l' to otac što je pre neki dan zaradio češanje po leđima?" Ja odgovorih da nisam čovek koji je propatio poput njih. Na to ujak ustade i reče: „Ovo je moj sestrić, učitelj iz Alkale, veliki budža." Oni me zamoliše za oproštaj i ponudiše mi svaku pažnju. Ja sam već bio van sebe, samo da jedem i da pokupim svoje nasledstvo, pa da pobegnem od ujaka. Postaviše trpezu; vezanu o kanap, u šeširu, kao što se penje milostinja u apsani, penjali su hranu iz krčme koja se nalazila iza kuće, u olupanim tanjirima, krnjavim krčazima i pljoskama. Niko ne bi umeo da opiše moju tugu i poniženje. Sedoše da obeduju, dušebrižnik u čelo stola. Kaže: „Za crkvu, najbolje mesto. Sedite, oče." Ujka blagoslovi jelo, a pošto je bio stvoren da pričešćuje tuđa leđa, pre je izgledalo da zamahuje bičem, nego da se krsti. Mi ostali posedasmo bez reda. Ne želim da pominjem šta smo jeli; samo ću reći to da je sve bilo takvo da te tera na piće. Stražarski pomoćnik posrka tri čista crna. Svinjar mi je nazdravljao; hvatao je gutljaj u letu i nazdravljao više nego svi mi zajedno. Vode nije bilo ni za lek, ali kome je tad i bilo do lekova.

Na stolu se pojavi pet pita od po četiri maravedija. Pa uzevši škropionicu, i pošto su poskidali kore, svi očitaše molitvu za pokoj duše, zajedno s onim *vječnaja pamjat*, za duše pokojnika čije je to meso bilo. Ujak reče: „Sećate se, sestriću, šta sam vam pisao o vašem ocu." Meni dođe u pamet. Oni se založiše, ali ja sam samo grickao korice, pridržavajući se običaja; zato, kad god jedem pitu, ja očitam *zdravomariju* za onoga koga je Bog sebi uzeo. Iz ona dva vrča samo se nalivalo; i tako stražarski pomoćnik i onaj s dušama svoje tako udesiše da, kad stiže jelo s kobasicama (koje su ličile na crnačke prste) jedan od njih reče: „Šta, ovaj lonac je crnac?" Ujak je već bio u takvom stanju da je, pruživši ruku da dohvati kobasicu, rekao grubim, promuklim glasom, s jednim okom na pola koplja, dok mu je drugo plivalo kao na zejtinu: „Sestriću, tako mi ovog hleba Božijeg, što ga stvori prema svojoj slici i prilici, u životu nisam jeo bolje crno meso." Pošto sam video da je stražarski pomoćnik, pruživši ruku, dohvatio slanik i rekao: „Vruća ova supa", i da je svinjar uzeo šaku soli rekavši: „Dobro je ovo meze, da se posle zalije", pa ga sruči u grkljan, počeh s jedne strane da se smejem, a sa druge, da besnim.

Doneše supu, i onaj s dušama uze obema rukama čanak, govoreći: „Bog neka blagoslovi čistoću"; pa podigavši ga da ga posrče, umesto da ga prinese ustima, namesti ga na obraz, prosu ga i opari se supom, i sav se od glave do pete unakazi tako da je to bila prava sramota. Kad vide kakav je, htede da ustane, a pošto mu je glava bila malo teška, htede da se nalakti na sto, koji je bio od onih klimavih; prevrnu ga, pa poli sve ostale; onda reče da ga je svinjar gurnuo. Kad svinjar opazi kako onaj nasrće na njega, ustane, zgrabi kosku kao oružje i mlatnu ga po glavi. Dohvate se pesnicama, pa onako stisnuvši jedan drugoga, i pošto ga je dušebrižnik ugrizao za obraz, sve od silnog prevrtanja i mlataranja, svinjar povrati sve što je pojeo po bradi onoga što se brine za duše. Ujak, mada je bio najpribraniji, poče da se pita ko li je u kuću doveo tolika sveštena lica.

Ja, pošto videh da se, kad se sve sabere, oni zaista umnožavaju, prekinem tuču, rastavim onu dvojicu, dignem s poda stražarskog pomoćnika, koji je gorko plakao; stavim ujaka u krevet, a on se nakloni nekom svećnjaku što je tu stajao, misleći da mu je to gost. Oduzmem rog od svinjara, kojeg, pošto su ostali spavali, niko više nije mogao ućutkati: traži on da mu vrate rog, jer nema toga ko iz njega ume više tonova da izvuče, i hoće da na njemu uz gajde svira. Ukratko, nisam se odvajao od njih dok nisam video da su zaspali. Iziđoh iz kuće; celo popodne sam se zadržao razgledajući svoj rodni kraj, prošao sam pored Kabrine kuće, saznao da je umro, i nisam se potrudio da priupitam od čega, znajući da svetom hara glad. Popodne se vratim kući, već su bila prošla četiri sata, i zateknem jednog budnog kako četvoronoške ide po sobi tražeći vrata i govoreći da ih je kuća izgubila. Podigoh ga, a ostale pustih da spavaju sve do jedanaest uveče, kada se probudiše; rasanivši se, ujak upita koliko je sati. Svinjar (koji je još bio mamuran) odgovori mu da je tek vreme sjeste, i da je vrućina velika. Dušebrižnik, kako je znao i umeo, zatraži da mu daju njegovu kasicu: „Mnogo su se duše olenjile, treba da se pobrinu da me prehrane"; pa pođe, ali umesto na vrata, on iziđe na prozor; kad vide zvezde, poče da doziva ostale iz sveg glasa, govoreći kako se nebo osulo zvezdama u po bela dana, i da je nastalo veliko pomračenje. Svi se prekrstiše i poljubiše zemlju.

Kad videh dušebrižnikovu glupost, zabezeknuh se, pa reših da se čuvam takvih ljudi. Uz nevaljalstvo i beščašće kakvo sam video, već mi je vrh svake dlake rasla želja da se nađem među otmenim ljudima i gospodom. Ispratim sve redom najbolje što sam umeo, strpam u krevet ujaka, koji, ako i nije bio trešten, jeste bio pijan, i legnem preko svoje odeće i nekih krpa što su ih za sobom ostavili oni što otidoše Bogu na istinu, a koje su se vukle naokolo.

Tako provedosmo noć. Ujutro zapodenem razgovor s ujakom, da mi pokaže koliko je moje nasledstvo, i da ga naplatim. Probudio se govoreći da je sav samleven, a ne zna od čega. Stan je bio, što od isprane povraćke, što od vode koju su pustili jer je uopšte nisu ni pili, pretvoren u krčmu vina u povratu. On ustade, dugo razgovarasmo o mojim stvarima, i prilično sam se namučio, pošto je on bio čovek toliko pijan i prost. Na kraju ga primoram da mi kaže bar za deo mog nasledstva, ako već ne za sve, i tako mi on reče za nekih trista dukata koje je moj otac zaradio sopstvenim prstima i ostavio ih na čuvanje kod neke dobre žene pod čijom senkom se kralo deset milja unaokolo.

Da ne zamaram Vašu Milost, evo kažem da sam naplatio i u džep stavio svoj novac, onaj što moj ujak nije ni propio, ni potrošio, a to je bilo mnogo, kad se uzme u obzir da je bio čovek tako plitke pameti, jer je mislio da ću ja s tim novcem završiti školu, i da bih, učeći, mogao postati kardinal, a pošto je on svojom rukom umeo i najbelji ogrtač da pretvori u rujne kardinalske halje, nije mislio da je to nešto teško. Kad vide da sam uzeo novac, on mi reče: „Sine Pablose, mnogo ćeš sagrešiti ako se ne popraviš i ne budeš dobar, jer imaš na koga da se ugledaš. Novaca imaš; ja te izneveriti neću, jer sve što zaslužim i sve što imam, za tebe je." Mnogo mu se zahvalih na ponudi; potrošismo dan na prazne priče i na posete pominjanim osobama. Celo popodne provedoše igrajući se piljaka kostima, moj ujak, svinjar i dušebrižnik. Ovaj se razbacivao misama, kao da je to makar šta. Da sedneš, pa da gledaš kako su samo bacali: jedan baci, pa uhvati u vazduhu, promućka u šaci, i opet hitne. Bacali su koske kao da karte bacaju, a na gomili su imali dovoljno da se pričeste, jer je među njima uvek stajao vrč vina.

Pade noć; oni otidoše; ujak i ja polegasmo svako u svoj krevet (jer je već bio spremio za mene jedan dušek). Svane, i pre nego što se on probudi, ja ustanem i odem u gostionicu, tako da me uopšte nije čuo; zatvorim vrata sa spoljašnje strane i ključ ubacim kroz pukotinu na vratima.

Kao što rekoh, otišao sam u gostionicu da se sklonim i sačekam zgodnu priliku da odem u prestonicu. U stanu sam mu ostavio zatvoreno pismo, u kojem je stajalo da sam otišao, i zašto, upozoravajući ga da me ne traži, jer ga više nikada neću videti.

GLAVA V

O njegovom bekstvu, i o događajima tokom bekstva do prestonice

Toga je jutra iz gostionice polazio neki rabadžija koji je vozio robu u prestonicu. Imao je magarca; iznajmio mi ga je, pa iziđoh da ga sačekam van gradske kapije. On iziđe, ja uzjahah magarca, i počeh putovanje. Išao sam govoreći sebi: „Daleko ti lepa kuća, prostačino, zločasoviću što na tuđe šije najahuješ."

Mislio sam da idem u prestonicu, gde me niko ne poznaje (što je bila stvar koja me je najviše tešila) i da se moram snalaziti za svoj račun. Rešio sam da skinem mantiju čim stignem, i da napravim novu, kratku odeću, kakva se nosi. Ali da se vratimo na stvari koje je moj pomenuti ujka uradio, uvređen pismom, u kojem je stajalo ovako:

„Gospodine Alonso Gedžonjo: Pošto mi je Bog učinio tako izvanrednu milost kao što je ta da mi skloni s očiju moga dobroga oca i da moju majku zadrži u Toledu, gde, barem, znam da će se pretvoriti u prah i pepeo, samo je još trebalo da vidim šta Vaša Milost s drugim ljudima radi. Nameravam da budem jedini od svoga roda, jer dvojica, to nije moguće, osim ako neću da završim u vašim šakama, da me raščerečite, kao što to radite s drugima. Ne pitajte za mene, ni za moje ime, jer mi je važno da se odreknem zajedničke krvi. Služite Kralju, i zbogom."

Ne treba opisivati psovke i prekore koje je mogao uputiti na moj račun. Vratimo se mome putu. Išao sam kao vitez na sivcu iz Manče, i s velikom željom da ne naletim ni na koga, kad videh kako mi iz daljine kasom prilazi neki plemić, s ogrtačem na sebi, opasan mačem, sa zauzlanim gaćama i u čizmama, i reklo bi se naočit, okovratnika otvorenog više zato što je pocepan nego što je tako krojen, s nakrivljenim šeširom. Pomislio sam da je to neki vitez koji je za sobom ostavio kočiju; i tako, kad se nađosmo naporedo, ja ga pozdravih.

On me pogleda i reče: „Vašoj je Milosti, gospodine licencijate, mnogo udobnije na tom magaretu nego meni sa svom mojom raskoši." Pomislim, on to kaže zbog kočija i slugu koji idu za njim, pa kažem: „Uistinu, gospodine, smatram da se spokojnije putuje pešice nego u kočijama, jer mada Vaša Milost ide u kočijama što za vama polako idu, kad se truckaju, to čoveka uznemiri." „Kakve kočije za mnom?" reče on veoma uzbuđeno. I kad se osvrnu za sobom, pošto se napregnuo, gaće mu spadoše jer mu se otkinuo uzao, koji beše tako usamljen da mi on, opazivši kako umirem od smeha što to vidim, zatraži jedan na zajam. Pošto sam video da od košulje vire samo okrajci, i da mu šupak namiguje na pola oka, rekoh mu: „Zaboga, gospodine, ako Vaša Milost ne sačeka svoje sluge, ja vam ne mogu pomoći, pošto i sam idem uvezan samo na jednom mestu." „Ako se Vaša Milost podsmeva (reče on s gaćama u ruci) neka vam bude, inače ne razumem to sa slugama."

I toliko se preda mnom otvorio po pitanju svoje bede, da mi je, pošto smo prešli pola milje, priznao kako, ne pustim li ga da se malo popne na magare, neće moći da nastavi, jer se umorio pridržavajući gaće rukama; podstaknut sažaljenjem, ja sjašem; a pošto nije smeo gaće da ispušta, morao sam ja da ga popnem. Uplašilo me je ono što sam otkrio kad sam ga dodirnuo, pošto je otpozadi, gde ga je pokrivao ogrtač, imao proreze s postavom od golih guzova. On je osetio šta sam ja video, a pošto je bio čovek zdrave pameti, da me predupredi, reče: „Gospodine licencijate, nije zlato sve što sija. Mora biti da se Vašoj Milosti učinilo, kada ste videli otvorenu kragnu i moje držanje, da sam ja nekakav grof od Irlosa. Jer, u ovakve se oblande uvija pred svetom ono što je Vaša Milost napipala."

Ja mu rekoh da ne treba da sumnja da sam se ja već uverio u stvari mnogo drugačije od onih koje sam video. „Još Vaša Milost nije videla ništa", odgovori, „a na meni može da se vidi sve što imam, jer ništa ne prikrivam. Evo, Vaša Milost vidi da sam ja plemić zdrav i prav, iz kuće od loze brđana, i kada bi me moje plemstvo izdržavalo onako kako ja njega izdržavam, ne bih se imao na šta požaliti. Ali se više, gospodine licencijate, bez hleba i mesa valjana krv ne izdržava, i po Božijoj milosti, svačija je crvena, te ne može biti roda plemenita ko ničega nema. Već sam naučio šta znači plemićka titula, kad, pošto sam jednoga dana gladovao, u nekoj krčmi nisu hteli na ime nje da mi daju ni dve kriške; pa posle kažite da nije ispisana zlatnim slovima! Ali više vredi zlato u grumenu, nego u slovima, i korisnije je. Uostalom, ima jako malo zlatnih pismena. Čak i spostveni grob sam prodao, pa sad ni mrtav nemam gde da legnem, jer je imanje moga oca Toribija Rodrigesa Valjeha Gomesa de Ampuera (sva je ta imena nosio) izgubljeno kad je dato u zalog. Još mi je samo ostalo da prodam ovo *don*, a ja sam takve sreće da ne mogu da nađem nikoga kome je ono potrebno, jer ko ga nema ispred, stavlja ga na kraju, te govori *bidon, pardon, bustrofedon, kordon, bombardon*, i tome slično."

Priznajem da su me, mada pomešane sa smehom, nedaće pomenutoga plemića ražalostile. Upitah ga kako se zove, i kuda ide, i zašto. On reče, zovu ga svim imenima njegovog oca: don Toribio Rodriges Valjeho Gomes de Ampuero i Hordan. Nikad nisam video tako zvonko ime, jer je počinjalo sa *don* i završavalo se sa *dan*, kao zvona kad udaraju. Zatim reče da ide u prestonicu, jer tako ofucan naslednik plemićkog imena kao što je on, u malom mestu za dva dana počne da zaudara, i ne može se održati, te zato ide u zajedničku otadžbinu, gde ima mesta za sve, i obilne trpeze za pustolovne stomake. „I kad tamo dođem, nikad mi ne zafali sto reala u kesi, krevet, jelo i zabranjena okrepljenja, jer je u prestonici okretnost pravi kamen mudrosti, koji sve što dotakne pretvara u zlato."

Mene kao da je sunce ogrejalo, te, da bih se zabavio tokom puta, zamolim ga da mi ispriča kako i s kim i na koji način u prestonici žive oni koji nemaju, poput njega. Jer u to vreme mi se činilo teško da se čovek ne samo zadovolji onim što ima, nego i da se domogne tuđeg: „Mnogo je od jednih (reče) a mnogo i od onih drugih. U takvim mestima, laskanje je ključ za svaku bravu. A da vam ne bi bilo nerazumljivo ovo što kažem, saslušajte moje doživljaje i moje namisli, pa će vam se razbiti svaka sumnja."

GLAVA VI

U kojoj nastavlja put, i kao što je obećano,
o njegovom životu i običajima

„Pre svega treba da znate da u prestonici uvek postoji najgluplji i najpametniji, najbogatiji i najsiromašniji, i da ima krajnosti u svim stvarima; da se tu zli prerušavaju i dobri skrivaju, i da ima ljudi od moje vrste, kojima se ne zna ni odakle su otišli, ni kud su pošli, niti bilo kakva loza od koje takvi potiču. Među sobom se razlikujemo po različitim imenima; jedni od nas nazivaju se vitezovi praznodžepci; drugi, šupljikci, podvaladžije, prdizveci, praznotrbići i psetovići.

Naša je zaštitnica podvalaška veština; stomake najčešće punimo vazduhom, jer velika je muka dobaviti hranu tuđim rukama. Mi smo strah i trepet na gozbama, crvotočina po podrumima, rak-rana na loncima, i uzvanice na silu. Tako se prehranjujemo vazduhom, i šetamo srećni i zadovoljni. Mi smo ljudi koji pojedu praziluk, pa se prave da su im peruške ostale od kopuna. Kad bi čovek ušao u našu kuću da nas poseti, zatekao bi stan pun ovčijih i živinskih kostiju, ogrizaka voća, vrata zakrčena perjem i zečjim krznom; sve to mi po mestu skupljamo noću, kako bismo se dičili danju. Kad gost uđe, mi grdimo: „Zar je moguće da ja nemam ni toliko vlasti da nateram devojku da počisti? Oprostite, Vaša Milosti, jeo sam ovde s nekim prijateljima, a posluga..." itd. Ko nas ne poznaje, poveruje da je istina, i pomisli da je bila gozba.

A šta da kažem o načinu na koji se jede u tuđim kućama? Nismo s čovekom ni čestito porazgovarali, a već znamo gde mu je kuća, odlazimo mu u posetu, i to uvek u žvakaće vreme, kad se zna da je za stolom. Kažemo da nas dovodi ljubav prema njemu, jer smo se tako dobro razumeli, itd. Upitaju li nas da li smo obedovali, ako oni već nisu počeli, kažemo da nismo; ako nas pozovu, ne čekamo da nam dvaput kažu, jer nam se dešavalo da se takva čekanja pretvore u velika bdenija. Ako su već počeli, kažemo da smo jeli, pa makar taj sasvim lepo umeo da iseče svoju perad, hleb ili meso, ili šta bilo, kako bismo ulučili priliku da progutamo neki zalogaj, kažemo: „Sad Vaša Milost neka dopusti da vam služimo kao glavni poslužitelj, jer je, Bog mu dao rajsko naselje, (pa imenujemo nekog pokojnog gospodina, vojvodu ili grofa) obično više voleo da me gleda kako sečem, nego kako jedem." Rekavši to, uzmemo nož i sečemo na zalogaje, pa na kraju kažemo: „Oh, kako lepo miriše! Svakako bih uvredio kuvaricu kada ne bih probao. Kako veštu ruku ima!" Rečeno, učinjeno, i tako pola tanjira ode na kušanje: repa zato što je repa, slanina zato što je slanina, i svaka stvar zbog onoga što jeste. Ako nam to izmakne, već u nekom samostanu imamo supu koja nas čeka za kasnije: ne jedemo javno, nego krišom, uveravajući fratre da je to više iz pobožnosti nego iz nužde.

Treba videti nekoga od nas u kockarskoj kući, kako pažljivo služi i trne sveće, donosi noćne posude, kako slaže karte i kako uzdiže u nebesa onoga ko pobeđuje, i sve to za neki bedni real napojnice.

Napamet znamo, kad je odevanje u pitanju, celu zbirku stare odeće. Kao što se na drugim mestima zna vreme molitve, kod nas se zna vreme krpeža. Treba videti, izjutra, kakve sve raznovrsne stvari popravljamo; pošto imamo sunce za otvorenog neprijatelja, jer otkriva naše zakrpe, prikačke i poderotine, ujutro se raširenih nogu izlažemo njegovom zraku, pa po senci na zemlji vidimo kakvu senku prave rite i konci što nam između nogu vise. Samo da vidite kako skidamo izreze otpozadi da se pokrijemo spreda; pa nam je zadnjica obično toliko miroljubiva, pošto nema rezova, da ostane čisto sukno. To zna samo ogrtač, pa se čuvamo kad je vetrovit dan, kao i kad se penjemo uz stepenice ili uzjahujemo konja. Proučavamo položaj tela naspram svetlosti, jer kada je dan vedar, idemo sasvim stisnutih nogu, i klanjamo se samo gležnjevima, jer ako se kolena rastave, videće se okno za vetrenje.

Nema ničega na našim telima što nije bilo nešto drugo i što nema svoju povest. *Verbi gratia*: evo vidite, Vaša Milosti (reče) ovaj haljetak; e, on je prethodno bio gaće, i unuk je ogrtača, i praunuk kabanice, što je bio na samom početku, a sad čeka da bude proizveden u zakrpe na tabanima, i još štošta drugo. Čarape su prethodno bile maramice, a pre toga peškiri, i još pre, košulje, kćeri čaršava; a posle svega, koristićemo ih kao papir, a na papiru pišemo, pa od njega sačinimo prah kojim ćemo povratiti u život naše cipele, koje sam, kao neizlečive, video kako uskrsavaju uz pomoć ovakvih medicina. A šta da kažem o načinu na koji se noću sklanjamo od svetlosti, da se ne bi videli oćelaveli ogrtači i ćosavi haljeci? Na njima nema ništa više dlaka nego što ih ima na oblutku, pošto je Bog hteo da nam podari na bradi ono što nam je uskratio na ogrtaču. Ali da ne bismo trošili na berberina, uvek pazimo da sačekamo da još neko od nas okosmati, pa onda jedan drugoga strižemo, prema onoj iz Jevanđelja: „Pomažite se kao braća".

Veoma vodimo računa o tome da jedni ne zalaze u kuće onih drugih, ako znamo da jedan poznaje iste ljude kao i drugi. Samo da vidite kako se ponašaju trbusi u teranju.

Moramo da projašemo bar jednom u mesec dana, makar i na magarcu, gradskim ulicama, i da se provozamo kočijama jednom godišnje, makar i na prtljažniku ili sa zadnje strane. Ali ako se nekad vozimo u kočijama, treba uzeti u obzir da to uvek bude na stepeniku, i da celu šiju protegnemo napolje, da pozdravljamo, kako bi nas svi zapazili, i da se obraćamo poznanicima i prijateljima, makar oni gledali na drugu stranu.

Ako počne da nas grize u prisustvu dama, smislili smo kako da se počešemo a da se ne vidi; ako je na butini, ispričamo kako smo videli nekog vojnika koga su rasporili odavde dovde, pa rukom pokazujemo na mesta gde nas svrbi, i češemo se umesto da pokazujemo. Ako se desi u crkvi, a zasvrbi nas na grudima, mi se krstimo, mada je sveštenik tek počeo misu. Ustanemo, pa se primaknemo uz neki ugao, kao da hoćemo da se istegnemo da bismo nešto videli, pa se počešemo.

Šta da kažem za laganje? Iz naših usta istina nikad ne izlazi. Uglavljujemo vojvode i grofove u naše razgovore, jedne kao prijatelje, druge kao rođake, i dobro pazimo da ta gospoda budu mrtva ili veoma daleko.

A najvažnije je da se nikad ne zaljubljujemo, ako to nije *pane lucrando*, jer naš red zabranjuje sitničave dame, ma koliko lepe bile; tako se stalno udvaramo nekoj krčmarici, radi jela, gostioničarki radi prenoćišta, nekoj švalji što šije okovratnike, jer čovek mora da ih nosi. I mada, kad čovek tako malo jede i tako loše pije, ne može tolikim ženama da udovolji, ako radimo u smenama, svi budu zadovoljni.

Kad neko vidi ove moje čizme, kako bi mogao pomisliti da su noge u njima gole, bez čarapa niti bilo čega drugog? I ko vidi ovaj okovratnik, zašto ne bi poverovao da imam i košulju? Jer sve to može ponestati plemenitom čoveku, gospodine licencijate, ali uštirkan okovratnik, nikako. Jedno, zato što je to velik ukras na čoveku; a zatim, kad ga okrene na drugu stranu, on ga i hrani, jer ako ume da isisa iz njega štirak i otpatke sa ivica, lepo se može najesti.

Sve u svemu, gospodine licencijate, plemić našega kova mora da se navikne da mu izostane više puta negoli bremenitoj ženi u devetom mesecu, i da tako preživi u prestonici; čas će mu sve ići od ruke i imaće novca; čas će se naći u ubožnici. Ali na kraju, živi se, i ko ume da se snalazi, taj je car, ma koliko malo imao."

Toliko mi se dopao čudan način života ovog plemića, i toliko sam se bio zaneo, da sam, zabavljajući se time i drugim stvarima, pešice stigao do Rosasa, gde smo zanoćili. Rečeni plemić večerao je sa mnom, pošto nije imao ni žute banke, a ja sam smatrao da sam mu obavezan zbog pouka koje mi je dao, jer su mi one otvorile oči u mnogim stvarima, i razvile moju sklonost ka gotovanstvu. Saopštio sam mu svoje želje pre nego što smo legli; on me zagrli hiljadu puta, govoreći da se od početka nadao da će njegova razmišljanja ostaviti utisak na tako razumnog čoveka. Ponudio mi je da mi učini uslugu i u prestonici me upozna sa ostalom podvaladžijskom bratijom, i nađe mi prenoćište u društvu svih ostalih. Pristadoh, ne prijavljujući mu da imam škude koje sam nosio, nego samo stotinu reala. To je bilo dovoljno, uz dobročinstva koja sam mu učinio i koja mu još činjah, da ga obavežem da mi bude prijatelj.

Od gostioničara mu kupih tri uzla, pa se on upasa, prenoćismo, ustadosmo u cik zore, i dovukosmo svoje telesine u Madrid.

KNJIGA TREĆA I POSLEDNJA PRVOG DELA VRDALAMINOG ŽITIJA

GLAVA I

O tome šta se dogodilo u prestonici otkako je stigao,
pa dok nije svanulo

Stigosmo u prestonicu u deset ujutro; po dogovoru, otidosmo da se smestimo u kući don Toribijevih prijatelja. On dođe do vrata; pokuca; otvori mu neka staričica, sasvim slabo odevena, lika poput orahove ljuske, izobličenih crta lica, leđa pogurenih pod teretom godina. On upita za prijatelje, a ona mu odgovori besno sikćući, da su otišli u vrdalamije. Bili smo sami dok nije otkucalo dvanaest, on je ubijao vreme tako što me je podstrekivao da uđem u posao jeftinog života, a ja, tako što sam ga pažljivo slušao.

U pola jedan, uđe na vrata neka avet odevena u suknene halje do poda, još malo pa Arijas Gonsalo, koji je čak i plačljivu Portugaliju zatrpao maramicama. Razgovarali su jedan s drugim nešto šatrovački, što je dovelo do toga da me je on zagrlio i ponudio mi svoju pomoć. Malo smo pričali, pa on izvuče rukavicu sa šesnaest reala, i pismo uz pomoć kojeg je, objasnivši da je to dozvola za prošnju, do njih došao. Isprazni rukavicu, pa izvuče drugu, te ih presavi kao što to rade lekari. Ja ga upitah zašto ih ne stavi, na šta mi on odvrati da, pošto su obe za istu ruku, nije baš lako nositi rukavice.

Na sve to, primetih da nikako ne skida ogrtač, pa ga upitah, kao novajlija, za razlog iz kojeg je uvek tako umotan, na šta on odgovori: „Sine, na leđima imam poderotinu, i još zakrpu od vunice, i masnu fleku; u ovakvoj odeći, ma kuda da krenete, nikad iz Manče nećete izići, jer izgleda kao da sam za sovinskim poslom, pa poskakivao od sreće kad sam našao uljanice; ovaj komad ogrtača sve to skriva." On skide ogrtač, i videh da mu je ispod mantije nešto nabreklo.

Pomislih da su gaće, jer je na to ličilo, kadli on, da bi se očistio od buva, zadiže odeću, i videh da su to dva kotura od kartona koje je nosio vezane oko struka i navučene na butine, tako da su izgledali kao gaće ispod mantije; taj, naime, nije imao ni košulje, ni gaća, pa jedva da je i imao odakle buve da trebi, kako je go i bos išao. Ušao je u trebionicu, i okrenuo pločicu kao što su one što ih stavljaju po sakristijama, gde je pisalo: „Ne uznemiravaj! Trebi se!", da ne bi ušao neko drugi. Veoma se zahvalih Bogu kad videh koliko je mnogo dao ljudima kad im je podario podvaladžijsku veštinu, pošto im je već oduzeo bogatstvo.

„Ja, reče moj dobri prijatelj, dolazim s puta s obolelim gaćama, pa moram da se povučem i da krpim." Upita ima li neka krpa, jer je starica skupljala prnje po ulicama dva dana u nedelji, poput onih drugih što skupljaju hartiju, za krpljenje neizlečivih muških prsluka i jektičavih haljetaka što ih probada pod rebrima. Ona reče da nema, i da vlada nestašica rita zbog koje don Lorenso Injiges del Pedroso već petnaest dana leži u krevetu, jer boluje od proširenih gaća.

Dotle smo došli, kad se pojavi jedan u putnim čizmama i mrkoj odeći, sa šeširom, oboda prikačenog s obe strane. Za moj dolazak saznao je od ostalih, i obratio mi se s puno pažnje. Skide ogrtač, a haljetak mu (zamislite, Vaša Milosti, ko bi takvo što pomislio!) od mrke tkanine spreda, a otpozadi od belog platna, s postavom od znoja. Nisam mogao da se uzdržim od smeha, a on, veoma pritvorno, reče: „Navići će se on već, i neće se smejati. Kladim se da ne znate zašto nosim šešir s podvrnutim obodom." Ja rekoh, iz otmenosti, i da oslobodi vidik. „Pre će biti, da ga zaklonim (reče) znajte da je to zato što nemam traku na njemu, i ovako se to ne vidi." Kad to reče, izvadi više od dvadeset pisama i još toliko reala, govoreći kako nije uspeo da ih uruči. Za svako pismo trebalo je platiti po jedan real poštarine, a pisma je sam sačinio. Stavio bi potpis koji bi mu pao na pamet, pisao o vestima koje je sam izmišljao, i slao ih najuglednijim ljudima, pa ih predavao u onom odelu, naplaćujući poštarinu. I to je radio svakog meseca, što me je zaprepastilo kad sam video novi način da se preživi.

Zatim uđoše još dvojica, jedan u suknenom haljetku, što mu dosezaše do pola pantalona valonki, i u isto takvom ogrtaču, podignutog okovratnika, da se ne bi video okovratnik od anžujskog platna, koji mu beše pocepan. Valonke su mu bile od kamilje dlake, ali samo onoliko koliko su se videle, a ostalo od crvenog sukna. Ovaj je ušao vičući na onoga drugoga, koji je oko vrata nosio obično platno jer nije imao okovratnik, i neke fišeke, jer nije imao ogrtač, i štaku, i nogu uvijenu u krpe i krzno, jer je imao samo jednu nogavicu. Pravio se da je vojnik, a vojnik je i bio, ali samo po konačištima, ili u priobalju, da se po svetu ne potuca. Pripovedao je o svojoj neobičnoj službi, jer je kao vojnik svuda zalazio. Onaj u haljetku i bezmalo gaćama govorio je: „Polovinu mi dugujete, ili barem velik deo, i ako mi ne date, kunem se Bogom...!" „Nemojte se kleti Bogom", reče onaj drugi, „jer kada stignemo kući, neću biti šepav i daću vam ovom štakom hiljadu puta po grbači." Hoće dati, neće dati, i natežući se, kako među njima već beše običaj, navališe jedan na drugoga, pa kad se dohvatiše, svaki ponese po komad odeće u rukama već pri prvom cimanju, koje nije ni bilo jako.

Umirismo ih, upitasmo za razlog svađe. Vojnik reče: „Sa mnom će neko da se šali? Nećete dobiti ni pola! Vaše Milosti moraju znati da, dok sam bio kod crkve Svetog Spasa, priđe neki dečko ovom siromahu i upita ga nisam li ja barjaktar Huan de Lorensana, i onaj reče da jesam, opazivši da nešto nosi u rukama. Ovaj mi to donese, i reče, obraćajući mi se kao barjaktaru:

– Vidite, Vaša Milosti, šta hoće ovaj mali. – Ja odmah shvatim šta je, i prihvatim. Uzmem pošiljku, i uz nju dvanaest maramica, i odgovorim dečakovoj majci, koja je to slala nekom čoveku toga imena. A on sad traži pola. Radije ću ponovo u prnjama ići, nego ovo da mu dam. Svaku će maramicu moj nos poderati."

Presuđeno je u njegovu korist. Samo mu nije dozvoljeno da se u maramice uskenjuje, nego mu je naređeno da ih preda starici, da učini čast celom društvu i da od njih napravi okovratnike i narukvice koje će se videti i prikazivati se kao košulje, jer je useknjivanje zabranjeno pravilima reda, osim ako se to ne čini u prazno, ili prstom, kao praćkom.

Da ste samo videli, kad pade noć, kako smo polegali u dva kreveta, tako zbijeni da smo izgledali kao alat u sandučetu. Večera prođe našte srca. Većinom se nisu ni skidali jer, kad su polegali onako kako su danju išli, već su ispunili obavezu da spavaju goli golcati.

GLAVA II

U kojoj se nastavlja ono o čemu je početo i priča se
o nekim čudnim događajima

Svanulo je pod Gospodom, i svi se bacismo na posao. Već sam se bio toliko snašao kod njih kao da smo svi braća (jer takva lakoća i slast u zlodelima se uvek nalaze). Trebalo je videti kako jedan meće na sebe košulju iz dvanaest delova, podeljenu na dvanaest rita, pomolivši se nad svakom od njih, kao sveštenik kad se oblači. Kome bi se jedna noga izgubila u uličicama gaća, našao bi je gde viri na najmanje prikladnom mestu. Drugi je tražio vodiča da bi obukao haljetak, i za pola sata bi uspeo da sazna gde se nalazi.

Kad bi se to završilo, nije mala stvar bila videti kako svi uzimaju iglu i konac u šake da zakrpe ovu ili onu poderotinu. Ovaj, da se potkrpi ispod ruke, pruži je, pa je podvije u laktu. Onaj, u čučnju, nalik na arapski broj pet, pritiče u pomoć svojim pantalonama. Treći, da bi presavio međunožje, stavi na to mesto glavu i uvije se u klupko. Ni Boš nije naslikao tako čudne položaje kao što su oni koje sam ja video, jer su oni šili, a starica im je davala materijal, rite i krpe različitih boja što ih je doneo vojnik.

Završi se vreme krpeža (oni su to tako zvali) pa počeše da zagledaju jedan drugoga da vide šta još nije u redu. Odlučiše da iziđu napolje, a ja im rekoh da pre toga smisle kako ću se ja odenuti, jer sam onih stotinu reala hteo na odelo da potrošim, i da skinem mantiju. „To nikako, rekoše oni, novac neka se da u zalog, a mi ćemo vas odenuti od zaliha. A onda, da mu pokažemo njegovu diocezu u mestu, gde će samo on riškati i vrdalašiti."

Meni se to dopalo; ostavih novac u zalog, i za tili čas mi od mantije sačiniše platneni haljetak u crnini; kad su ga skratili, lepo mi je stajao. Ono što je od platna ostalo, pretvorili su u stari prebojeni šešir; umesto trake stavili su neku gazu sa upijača, sasvim lepo. Okovratnik i valonke su mi oduzeli, a umesto njih su mi odenuli gaće s učkurom, s prorezima samo spreda, jer su sa strane i otpozadi bile od jelenske kože. Svilene dokolenice nisu stizale do kolena, nego tek četiri prsta ispod; ta četiri prsta pokrivale su tesne čizme preko crvenih čarapa, kakve sam nosio. Okovratnik je bio potpuno otvoren, prosto zato što je bio pocepan; staviše mi ga i rekoše: „Okovratnik je izlizan otpozadi i sa strane. Vaša Milosti, ako vas neko pogleda, morate se okretati prema njemu, kao suncokret prema suncu; ako su dvojica i gledaju vas s obe strane, uzmaknite malo i ne okrećite se; a za one s leđa, uvek nosite šešir spušten do vrata, tako da obod pokriva šiju, a otkriva vam celo čelo; onome ko vas upita zašto se tako nosite, recite mu da je to zato što pred celim svetom možete da se pokažete čistog čela i obraza."

Dadoše mi kutijicu sa crnim i belim koncem, svilom, kanapom i uzlovima, naprstkom, platnom, lanom, svilicom i drugim otpacima, i nožićem; zadenuše mi mamuzu za pojas, a trud i kresivo u kožnu vrećicu, govoreći: „S ovom kutijicom možete ići po celom svetu, i neće vam biti potrebni ni prijatelji ni rođaci; tu je zatvoreno sve što nam je potrebno. Uzmite je i čuvajte." Kao četvrt u kojoj ću vrdalašiti pokazaše mi San Luis; tako započeh svoj radni dan, izišavši iz kuće s ostalima, mada su mi, pošto sam bio nov, kako bih se u podvaladžijski posao uputio, kao nekom popu novajliji, za kuma dali onoga istog ko me je doveo i pokrstio.

Iziđosmo iz kuće laganim korakom, s brojanicama u ruci; krenusmo prema četvrti koju su mi dodelili. Svima smo se klanjali; pred muškarcima smo skidali šešir sa glave, želeći da njima skinemo ogrtač s leđa; pred ženama smo se klanjali, što je njima milo, premda manje nego da uživaju s onima kojima one treba da se klanjaju i zovu ih oče. Moj dobri staratelj rekao je jednome: „Sutra mi donose novac"; drugome: „Sačekajte me još jedan dan, Vaša Milosti, jer mi stiže reč iz banke." Jedan mu je tražio ogrtač, drugi ga požurivao da mu vrati opasač; po tome poznadoh da je toliko veliki prijatelj svojim prijateljima, da nema ničega svoga. Išli smo levo-desno, s pločnika na pločnik, da ne bismo prošli pored kuća poverilaca. Čas mu je jedan tražio najamninu za kuću, drugi za mač a treći za čaršave i košulje, tako da sam zapazio da je on plemić u najam, poput mazge.

Desi se, dakle, da iz daljine ugleda nekog čoveka koji bi oči da mu iskopa, kako je rekao, zbog nekog duga, ali bi i to lakše mogao da uradi nego novac da mu iščupa. Da ga ne bi prepoznao, on raspusti kosu koju je nosio svezanu iza ušiju, pa se načini nazaren, pola pustinjak, a pola kosmati plemić; namesti povez preko oka, pa poče sa mnom govoriti italijanski. Sve je to uspeo da uradi dok je onaj drugi prilazio, jer ga još nije bio video, zaokupljen naklapanjem s nekom staricom. Uistinu kažem, video sam kako se čovek vrti oko nas, kao pas kad hoće da se da se dočepa nečega; prekrstio se više puta nego daje čini bacao, te otide govoreći: „Isuse Hriste, pomislio sam da je on. Koga su zmije ujedale...", itd. Ja sam pucao od smeha gledajući lice svoga prijatelja. On se skloni u neki ulaz da pokupi kosu i skloni povez, pa reče: „Ovo je oprema za poricanje dugova. Uči, brate, jer ćeš hiljade ovakvih stvari videti u ovom mestu."

Pođosmo dalje i, na jednom uglu, uzesmo dva zalogaja ovčetine i rakiju, od neke veseljakinje koja nam to dade za džabe, pošto je poželela dobrodošlicu mome obučavaocu. Pa mi reče: „Uz ovo čovek više ne mora da brine hoće li danas jesti; to je bar nešto što vas neće izneveriti." Ja se ražalostih, misleći da nam je ručak doveden u sumnju, pa tako ražalošćeno odgovorih u ime svog stomaka. Ona na to odgovori: „Slaba je tvoja vera u religiju i red vitezova-psetovića. Neće Gospod izneveriti ni gavrane, ni vrane, pa čak ni pisare, pa kako bi onda izneverio zanemoćale? Slab vam je taj vaš stomak." „Istina, rekoh, ali se jako pribojavam da mu se ne zakine, da ne ostane prazan."

U to na satu izbi dvanaest; pošto sam bio nov u ovom poslu, mojim se crevima ne dopade ona ovčetina, nego sam bio gladan kao da ništa nisam jeo. Pošto mi se, kako je vreme prolazilo, pamćenje popravljalo, okrenuh se svom prijatelju i rekoh mu: „Brate moj, ovo s glađu je teško iskušeništvo; čovek je stvoren da grize više nego šuga, a mene ste stavili na post. Ako vi to ne osećate, nije za mnogo, jer pošto su vas u gladi od malih nogu odgajali, kao onoga kralja Mitridata na otrovima, od gladi ćete se i prehraniti. Ne vidim da se žestoko trudite da uposlite zube, pa sam zato rešio da uradim šta mogu." „Bog s vama!", odvrati on. „Sad udara dvanaest, a vama se toliko žuri? Mnogo ste tačni i u željama, i u njihovom sprovođenju, a morate se strpeti i sačekati platu, i kad stiže sa zakašnjenjem. Ne, nego ćete celoga dana jesti! Pa šta drugo rade životinje? Zar nije pisano da plemić našega kova nikad nije dobio proliv, nego od ovako slabe hrane, slabo šta ima i da nas protera. Već sam vam rekao da Bog nikom dužan ne ostaje. Ako vam se toliko žuri, ja ću ići kod Svetog Jeronima na supu, gde su fratri podgojeni kao pevci, pa ću tamo omastiti brk. Ako hoćete sa mnom, hajdete, a ako nećete, svako neka se sam snalazi." „Zbogom!" rekoh mu ja; „moje potrebe nisu tako sitne da bi se mogle zadovoljiti tuđim otpacima. Idemo svaki na svoju stranu."

Moj prijatelj usitnio korak, gleda u moje noge; izvadi neku mrvu hleba što ga je stalno nosio u jednoj kutijici, radi utiska, pa se posu po bradi i odelu, da izgleda kao da je jeo. Ja sam već kašljao i čačkao zube, da prikrijem slabost, čistio brkove, prebacivao ogrtač preko levog ramena, igrao se brojanicom sve u šesnaest, a to zato što je imala samo šesnaest zrna. Svi koji bi me videli pomislili bi da sam sit svega, a kad bi rekli sit toga što me vaške grizu, ne bi se prevarili.

Idem ja tako i uzdam se u svoje škude, mada me je grizla savest, pošto je protiv pravila reda da na svoj račun jede onaj ko na ovom svetu mufte puni stomak. Već sam bio rešen da prekršim post, i u toj nameri stigoh do ugla ulice San Luis, gde je živeo jedan poslastičar. Tamo se razbaškario reš pečen kolač od osam maravedija, i ona para iz peći tako mi je zapahnula nozdrve, da sam odjednom zatekao sebe kako idem kao lovački pas za mirisom lovine, ne skidajući oka sa nje. Toliko sam ga žudno pogledao, da se kolač sasušio kao da ga je pogledalo urokljivo oko. Trebalo je videti šta sam sve smislio da ga ukradem; pa bih se opet rešio da ga platim.

Toliko sam se potresao, da sam odlučio da upadnem u neki od podruma kojih je bilo unaokolo. Taman sam se spremio da uđem u jedan, ali je Bog hteo da naletim na nekog licencijata Strelicu, moga prijatelja, koji je jurio niz ulicu, s više bubuljica na licu nego neki sangviničar, i toliko uprskan blatom da je izgledao kao đubretarska kola u mantiji, hobotnica s diplomom ili trgovac koji je krenuo za Italiju. Čim me vide, on navali na mene, a kakav je bio, bilo je previše i to što me je uopšte poznavao. Zagrlih ga; on me upita kako sam; zatim mu rekoh: „Ah, gospodine licencijate, koliko samo toga imam da vam pričam! Samo mi je žao što moram da otputujem večeras, pa neće biti vremena." „Baš mi je žao, odgovori, i da nije ovako kasno, i da ne žurim na ručak, duže bih se zadržao, ali me čeka sestra, koja je udata, i njen muž." „Zar je moja gospođa Ana ovde? Makar sve ostavio, hajdemo, jer želim da učinim ono na šta me dužnost obavezuje."

Razrogačio sam oči kad sam čuo da nije ručao. Pođoh s njim, i počeh da mu pričam kako znam gde je neka ženica u koju je on bio jako zaljubljen u Alkali, i da ga mogu uvesti u njenu kuću. Tako se njemu ovaj poziv u dušu urezao, mada je to samo bilo lukavstvo, da mu govorim o nečemu što će mu se dopasti.

Pričajući o tome, stigosmo do njegove kuće. Uđosmo; ja se mnogo preporučih njegovom zetu i sestri, a oni, i ne pomišljajući da je išta drugo u pitanju nego da sam pozvan da dođem u to doba, počeše da govore kako bi, da su znali da će imati tako uvaženog gosta, nešto pripremili. Ja iskoristih priliku i pozvah sam sebe, govoreći da sam ja domaći, da sam stari prijatelj, i da bi me uvredili kad bi se prema meni ponašali s previše otmenosti.

Sedoše oni, sedoh i ja; a da bi se onaj drugi bolje osećao, pošto niti me je pozvao, niti mu je takvo što i na kraj pameti bilo, ja sam ga s vremena na vreme podbadao govoreći o onoj devojci, te kako me je pitala za njega, te kako ga ona nosi u srcu, i druge, sve takve laži; tako je lakše podnosio dok me je gledao kako žderem, jer pustoš koju sam ostavio na goveđoj pršuti ne bi ni tane ostavilo na prsniku od goveđe kože. Stiže čorba, i ja je gotovo celu posrkah u dva gutljaja, bez zle namere, ali u tolikoj žurbi, da je izgledalo kao da ni kad mi je u ustima nisam ubeđen da mi neće pobeći. Bog mi je svedok, humka kod Antigue u Valjadolidu, gde zemlja brzo vari kosti, ne pojede brže leš, a ona ga razloži za dvadeset četiri sata, nego što sam ja slistio čorbuljak, jer sam to uradio brže nego da su ga hitnom poštom poslali u stomak; zacelo su sasvim lepo primetili kako sam kao zver gutao supu i praznio čanak, kako sam ganjao koske i kidao meso. I, ako ćemo pravo, sve u igri i šali, džepove sam napunio mrvama.

Podigoše trpezu; ja i licencijat odvojismo se da se dogovorimo o odlasku u kuću gorepomenute. Ja sam mu to prikazao kao sasvim lako. Razgovarajući s njim kraj prozora, napravih se kao da me zovu s ulice, pa rekoh: „Mene, gospodine? Evo, idem." Oprostih se, govoreći da ću odmah da se vratim. Ostao je da me čeka do dana današnjeg, jer ja nestadoh zbog pojedenog hleba i rasturenog prijateljstva. Sreli smo se još mnogo puta, i ja sam mu se izvinjavao, pričajući mu hiljadu laži koje na ovom mestu nisu važne.

Otidoh ulicom Božijom, stigoh do kapije Gvadalahara i sedoh na jednu od onih klupa što trgovci imaju pred svojim vratima. Htede Bog da u radnju uđu dve od onih žena što traže zajam na ime svog lica, pokrivene do očiju, zajedno sa starom i s pažićem. Upitaše ima li neki baršun posebne izrade. Ja zatim počeh, koliko da zapodenem razgovor, da se igram tom reči, od *baršuna* do *peršuna, ko se šunja iz peršuna*; od zdrave pameti nije tu ostao ni kamen na kamenu. Osetim da ih je moja sloboda malo uverila da će u radnji nešto naći, a ja, kao pustolov koji nema šta da izgubi, ponudih im šta god žele. Cenjkale su se, govoreći da ne uzimaju od onoga koga ne poznaju. Iskoristih priliku, rekavši da je drsko od mene što sam im bilo šta ponudio, ali neka mi učine milost i prihvate platno koje sam doneo iz Milana, što će im paž odneti te večeri (rekao sam da je moj, jer je stajao prekoputa i čekao gospodara, koji je bio u drugoj radnji, zbog čega je bio gologlav). A da bi pomislile da sam čovek od ugleda i poznat, nisam prestajao da skidam šešir pred svakim sudijom i plemićem koji bi prošao, iako nijednog nisam poznavao, i da ih pozdravljam kao da sam blizak s njima. Njih sve to zaslepi, zajedno sa stotinak zlatnih škuda koje izvukoh od onoga što sam imao, napravivši se kao da hoću da dam milostinju siromahu koji je prosio.

One htedoše da pođu, jer je već bilo kasno, te se tako oprostiše od mene, skrenuvši mi pažnju da paž treba da dođe krišom. Ja ih zamolih da mi učine ljubaznost i u znak milosti poklone mi brojanicu optočenu zlatom koju je nosila ona lepša od njih dve, kao zalog da ću ih sledećeg dana neizostavno videti. One su se nećkale da mi je daju; ponudio sam im u zamenu stotinu škuda, i one mi rekoše gde im je kuća; i u nameri da me još više prevare, stekoše poverenje u mene i upitaše me gde sam smešten, govoreći da paž ne može da uđe u njihovu kuću u bilo koje vreme, pošto tu žive ugledni ljudi.

Ja ih povedoh Glavnom ulicom, pa zašavši u ulicu Karetas, izabrah kuću koja mi se učinila najbolja i najveća. Na vratima su stajale kočije bez konja. Rekoh im da je to ta kuća, i da je uvek tu, i ona i kočije i njihov vlasnik, damama na usluzi. Nazvah se don Alvaro de Kordoba, i na njihove oči uđoh na vrata. I sećam se da sam, kada smo izlazili iz radnje, pozvao jednog paža, veoma strogo, rukom. Napravih se kao da mu kažem da svi ostanu da me čekaju (rekao sam da sam im to naložio); a u stvari sam ga pitao da li je on paž mog strica, komendadora. On mi reče da nije; tako sam ja zapovedao tuđim slugama, kao valjan plemić.

Pade mrkla noć, i svi se vratismo kući. Uđoh i zatekoh onog vojnika s krpicama s komadom sveće koju su mu dali da ide u pratnji nekog pokojnika, a on je poneo sa sobom. Taj se zvao Bajalo, poreklom iz Olijasa; bio je kapetan u jednoj komediji, i borio se s Mavarima u jednoj međuigri. Vojnicima iz Flandrije govorio je da je bio u Kini; a onima iz Kine, da je bio u Flandriji. Pričao je da će ići na bojno polje, a napolju nije pošteno umeo ni da se otrebi od vaši. Govorio je o zamkovima, a jedva da ih je video iskovane na novčiću. Dizao je u nebesa uspomenu na gospodina don Huana od Austrije, pobednika kod Lepanta, i čuo sam ga mnogo puta kako govori gde je Luis Kihada, njegov vrli vaspitač, služio na čast svojim prijateljima. Pominjao je Turke, galije i kapetane, sve one o kojima je čitao u pesmama koje su o tome pevale; a pošto nije znao ništa o moru, jer je od morskih stvari znao samo za riblju čorbu, reče, pričajući o bici u kojoj je pobedio gospodin don Huan kod Lepanta, da je taj Lepant bio veoma hrabar Mavarin, pošto jadnik nije znao da je to ime mora. Lepe smo trenutke s njim proveli.

Zatim uđe moj drug, razbijenog nosa i cele glave ufačlovane, sav krvav i prljav. Upitasmo ga šta je uzrok tome, a on reče kako je otišao na supu u samostan Svetog Jeronima, da je tražio dvostruku porciju, rekavši da je to za časne, ali siromašne ljude. Uzeli su drugim prosjacima da bi njemu dali, a oni, u ljutnji, pođoše za njim, pa ga videše kako, u uglu iza vrata, hrabro kusa. I oko toga da li je dobro varati da bi se ždralo i otimati od drugih za sebe, diže se galama, a za njom stigoše i batine, i uboji i buboci po njegovoj jadnoj glavi. Nasrnuli su na njega vrčevima, a štetu na nosu napravio mu je jedan od njih drvenim čankom, koji mu je dao da onjuši brže nego što je trebalo. Oteli su mu mač, na viku je izišao vratar, pa ni on nije mogao da ih smiri. Konačno, naš siroti brat se našao u tolikoj opasnosti, da je rekao: „Vratiću sve što sam pojeo!" Pa ni to nije bilo dovoljno, jer više nisu obraćali pažnju ni na šta osim na to da je tražio za druge, i nije držao do časti prosjačkog hleba. „Gledajte ga, sav u ritama, kao dečija lutka, bedniji nego poslastičarnica u dane posta, ima na njemu više rupa nego na fruli, i više zakrpa nego na konju šarcu, i više fleka nego na šarenom mramoru, i više čvorova nego na persijskom tepihu (rekao je neki od onih studenata gnjavatora, običan čankoliz) e, vala, ima ljudi koji dolaze na supu blaženoga sveca, a mogli bi i biskupi da budu, ili bilo koji drugi dostojanstvenici, a tamo neki gos'n Nikogović mi se vređa što je jede! Ja sam svršeni bakalaureat umetnosti dičnoga univerziteta u Španskom Selu!" Vratar se umeša, videći da neki starčić koji je tu stajao kaže da, iako dolazi ovamo na klin-čorbu, ipak je on potomak Gota, plemenita roda, i da ima svojtu.

Dalje neću da pričam, pošto je onaj drug već izišao napolje da vida svoje kosti.

GLAVA III

U kojoj se nastavlja o istoj stvari, dokle svi nisu dopali tamnice

Uđe Dživdžan Dijas, s opasačem pretvorenim u nisku pljoski i bočica što ih je, tražeći od monahinja da pije, oteo bez mnogo straha pred Bogom. Ali nadmašio ga je don Lorenso del Kresalo, koji je ušao s veoma dobrim ogrtačem, što ga je kraj bilijarskog stola zamenio za svoj, a onaj koji je njegov ogrtač odneo, neće se nikada potkrpiti, koliko je bio olinjao. Taj vam je imao običaj da skine ogrtač, kao da će igrati bilijar, i da ga ostavi zajedno s ostalim, a zatim, kao da mu ne ide od ruke, da ode po svoj ogrtač, pa bi uzeo onaj koji bi mu se učinio najbolji, i izišao. To je radio i kad su gdegod bacali alku, i kugle.

Ali sve to nije bilo ništa prema onome što smo videli kada je ušao don Kuzman, okružen bratijom sa škrofulama i gukama, gubavcima, ranjavim i sakatim, jer je postao vrač, sve klanjajući i uz molitve što ih je naučio od neke starice. On je zarađivao za sve, jer ako onaj ko bi došao da se izleči ne bi ispod ogrtača nosio zavežljaj, ako novac ne bi zveckao u džepu, ili ne bi pijukali neki pilići, ništa od posla. Opeljesio je pola kraljevine. Ubedio bi ljude u šta god bi poželeo, jer tako vešt lažov još se nije rodio; lagao je toliko, da istina ni slučajno nije mogla da mu se omakne. Govorio je o Malom Hristu, ulazio u kuće uz Pomaže Bog, govorio ono: „Duh Sveti posredi nas..." Imao je na sebu svu spremu za licemera: nosio brojanicu sa džinovskim zrnima; kao slučajno bi namestio da izviri deo biča umrljan krvlju iz nosa; vrpoljio se tako da je ostavljao utisak da to ne čini zato što ga grizu buve, nego zato što nosi košulju od kostreti, i da je njegova pseća glad dobrovoljan post. Nabrajao je iskušenja; kad bi pomenuo đavola, rekao bi: „Bože spasi i skloni"; ljubio je zemlju kad bi ušao u crkvu; nazivao je sebe nedostojnim; nije dizao pogled na žene, ali zato na suknje jeste. Uza sve to, tako je držao narod, da su se kleli u njega, a to im je bilo kao da su se kleli u đavola. Bio je kockar i ono drugo (za takve se kaže, *izvesni*, a prostim rečima, *vaćaroš*). Bogom se kleo jednom uprazno, a drugi put uzalud. A što se tiče žena, imao je šestoro dece, i dve trudne zadušne strine. Ukratko, od Božijih zapovesti, koju ne bi prekršio, toj bi se narugao.

Stiže Polanko dižući veliku buku, pa zatraži svoju mrku torbu, veliku krstaču, dugu lažnu bradu i zvonce. Tako je išao noću, govoreći: „Setite se smrti, i učinite dobro za pokoj duše...", itd. Tako je umeo mnogo da isprosi, ulazio bi u kuće koje bi video da su otvorene, ako ne bi bilo svedoka ni smetnje, i krao sve čega je bilo; ako bi ga uhvatili, zazvonio bi u zvonce i govorio glasom velikog pokajnika: „Setite se, braćo...", itd.

Sve ove lukavštine i izvanredne veštine naučio sam kod njih za mesec dana. Vratimo se sad na to kako sam im pokazao brojanicu i ispričao im priču. Mnogo im se dopala ta vrdalamija, i starica je uzela brojanicu pod svoje, da je proda. Ona krenu po kućama govoreći da pripada sirotoj devojci, koja je prodaje da bi imala šta da jede. Imala je ta za svaku stvar posebnu laž i prevaru. Plakala je na svakom koraku, kršila ruke i gorko uzdisala; sve je zvala decom. Nosila je, preko veoma dobre košulje, i haljetak, i podsuknju, i suknju i maramu, i vreću od grubog sukna, od prijatelja isposnika koji je živeo na putu prema Alkali. Ona je vladala družinom, savetovala i prikrivala.

Htede, dakle, đavo, koji nikad ne spava kad su u pitanju stvari koje se tiču njegovih slugu, kad pođe da proda ne znam kakvu odeću i druge stvari u nekoj kući, da neko tamo prepozna nekakvu svoju imovinu. Dovedoše stražara, pa mi svezaše staru (koja se zvala majka Vrežica). Ona potom sve priznade, i reče kako svi mi živimo, i da smo vitezovi pljačke. Stražar je ostavi u tamnici, dođe u kuću, zateče u njoj sve moje drugove, i mene s njima. Doveo je pola tuceta pomoćnika, dželata pešaka, i celu lopovsku družinu strpao u aps, gde se naše stado nađe u velikoj opasnosti.

GLAVA IV

U kojoj se govori o događajima u apsani, sve dok starica nije išibana, drugovi izvrgnuti ruglu, a on pušten na jamstvo

Svakome od nas, kad uđosmo, staviše po dva para bukagija, i baciše nas u ćeliju. Kad videh kuda me vode, iskoristih novac koji sam imao sa sobom, pa izvadivši dublon, rekoh tamničaru: „Gospodine, neka me Vaša Milost sasluša u potaji." A da bi to i učinio, poturih mu i pismo i glavu, da mu pokažem ko sam. Kad ga vide, on me odvoji. „Molim Vašu Milost, rekoh mu, da se sažali na poštenog čoveka." Potražih njegove ruke, i pošto je umeo da stegne šipke i da ostane pun kao šipak, on stisnu onih dvadeset i šest reala, govoreći: „Proveriću kakva je bolest, i ako nije ništa hitno, vraćam vas u bajbok." Shvatih njegovu igru, i odgovorih ponizno. Ostavio me je napolju, a moje prijatelje potrpaše dole.

Neću pričati kakav se grohotan smeh čuo za nama, i u tamnici i po ulicama; pošto su nas vodili vezane, sve gurajući nas, jedne bez ogrtača, dok su se ovi drugima vukli po zemlji, trebalo je videti jedne onako šarene od silnih zakrpa, i druge šućmuraste, od crnog i belog vina. Jednoga, da bi ga uhvatio za neki bezbedan deo, jer je sve na njemu bilo toliko odrpano, stražarski pomoćnik je dohvatio za meso, pa opet nije imao za šta da ga uhvati, koliko ga je glad ispostila. Drugi su stražarima ostavljali u šakama parčiće košulja i gaća; kad su skinuli konopac onima koji su išli nanizani, i na njemu su ostali zalepljeni parčići prnja. Na kraju, kad pade noć ja otidoh da spavam u ćeliji za velikaše, i dadoše mi čak i krevet. Trebalo je videti kako jedni spavaju neisukani, ne skidajući ništa sa sebe; drugi su svlačili sve sa sebe jednim potezom, kao zmije; neki su se kockali. Kad su nas konačno zatvorili, pogašeno je svetlo. Svi zaboravismo na okove. Trebalo je videti kako oni koji nisu imali krevet hvataju za noge druge koji su već legli, pa ih izvlače nasred prostorije, i zavlače se u krevet, a onda guraju drugog, da se bolje nameste. Noćni sud bio je kraj mog uzglavlja; na nagovor moga nosa, bio sam prinuđen da im kažem da kiblu pomere na drugo mesto. Dođe i do reči, ovde je dalje, onde je bliže (baš su nošom našli da mi uzimaju meru). Ja se načinih zapovednik, a bolje je biti zapovednik u tučnjavi, nego i u carstvu, pa raspalih jednoga kaišem preko lica. On, pošto je naglo ustao, preturi posudu, i od buke se probudi ceo skup. Mlatili smo se kaiševima u pomrčini, i toliko je zaudaralo, da su svi morali da ustanu.

Diže se dreka. Upravnik zatvora, sluteći da će mu neki podanici otići, dotrča, naoružan, zajedno sa celom četom, otvori ćeliju, upali svetlo i saznade šta je bilo. Osudiše me svi; ja sam se izvinjavao govoreći da me cele noći nisu pustili ni oka da sklopim. Tamničar, kome se učinilo da ću mu, samo da ne bih zaglavio u dubokim tamnicama, dati još jedan dublon, preuze stvar u svoje ruke i posla me da siđem dole. Bio sam rešen da radije pristanem na to nego da uštinem od bisaga još više nego što sam već učinio. Odvedoše me dole; prijatelji me dočekaše sa galamom i zadovoljstvom.

Te noći spavao sam donekle slabo pokriven. Svanulo je pod Gospodom, i iziđosmo iz tamnice; videli smo jedni drugima lice, i prvo što smo opazili bilo je da treba da se umijemo, kao da sam za jednu noć ja sve uprljao, pod pretnjom da će me tući tankom šibom. Tako dadoh šest reala; moji drugovi nisu imali šta da daju, pa su ostali još jednu noć.

U tamnici je bio neki ćorav momak, visok, brkat, tužnog lika, leđa povijenih od šiba koje su po njima padale. Na njemu je bilo više gvožđa nego u rudnicima Baskije, dva para okova i lanac spreda. Zvali su ga Hajan. Rekao je da je uhapšen zbog navlačenja, pa ja tako pomislih da je reč o nekom maheru, vrdalami i prevarantu, i upitah ga da nije zbog nečega od tih stvari. Odgovori mi da nije, nego je u pitanju i nešto otpozadi. Pomislim, hoće da kaže da su to stari gresi, a saznadoh da je zbog toga što voli da navlači otpozadi. Kad bi ga upravnik grdio zbog neke smicalice, ovaj ga je nazivao dželatovim potrčkom i glavnim rizničarem krivica. Drugi put bi mu pretio, govoreći: „Šta imaš da izgubiš, bedniče, s onim ko će da završi na lomači? Bog je Bog, neka te usput poseče." Ovaj je bio priznao, i bio je toliko proklet, da smo svi na zadnjicama držali brnjice, poput ljutih pasa, i nije bilo toga ko bi se usudio da pusti vetar, iz straha da ga ne podseti gde mu se nalazi guzica.

Taj se sprijateljio s jednim drugim, koga su zvali Robledo, ili još Ladolež. Govorio je da su ga uhapsili zbog široke ruke; a pod tim je mislio na ruke kadre da ponesu sve što im se nađe nadohvat. Njega su šibali više puta nego teretnog konja; nije bilo dželata koji na njemu nije okušao ruku. Na licu je imao toliko recki da u tabliću nikad ne bi mogao da izgubi. Nije imao ušiju, i nos mu je bio tup, svakako više nego nož koji mu ga je rasekao.

U to dođoše još četiri čoveka, grabljivi kao lavovi na štitu, svi u okovima, ljudi koji znaju šta je šiba i galija, prave lopuže. Rekoše, ubrzo će moći da kažu da su služili Kralju i na kopnu i na moru. Ne može se ni zamisliti ogromna radost s kojom su čekali da ih pošalju.

Svi oni, žalosni što vide da od mojih drugova nema nikakve vajde, narediše da ih tokom noći izmlate štapom, za koji je u te svrhe vezan tanak kanap.

Pade noć. Mi se skutrismo u najdaljem ćošku. Ugasiše svetlo; ja se onda zavučem ispod kreveta. Dvojica počeše da zvižde, a treći da udara konopcem. Dobri plemići, kad videše ćorava posla, tako su sabili svoja ispošćena tela (na kojima su šuga i vaške doručkovale, ručale i večeravale) da se svi sabiše u jedan ćošak na krevetu. Bili su kao gnjide u kosi ili stenice u postelji. Udarci su pljuštali po daskama; ovi su ćutali. One lopuže, kad videše da ovi ne kukaju, počeše da bacaju cigle, kamenje i malter koji su sakupili. Tu se napravi metež, jer je jedan dohvatio don Toribija po temenu, i napravio mu dva prsta debelu čvorugu. Ovaj poče da viče, ubiše me. Lopuže, da se ne bi čulo njegovo zapomaganje, počeše uglas da pevaju i da dižu galamu svojim bukagijama. On se, da se skloni, uhvati za druge da se zavuče ispod. Trebalo je stati pa gledati kako krckaju kosti od udaraca i cimanja.

Haljecima dođe kraj; nije ostala ni zakrpa na zakrpi. Toliko su pljuštale kamenice i malter, da je ubrzo narečeni don Toribio imao više froncli na glavi nego na pocepanom haljetku. Pošto od tog grada nije nalazio zaštite, i pošto je, mada ne svetac, bio u opasnosti da pogine kao sveti Stefan, pod kamenicama, reče neka ga puste da iziđe, da će on zatim sve platiti i dati svoju odeću u zalog. Dopustiše mu, i uprkos ostalima, koji su ga koristili kao štit, onako isprebijan, kako je znao i umeo, on ustade i dođe do mene.

Ostali, ma koliko se brzo dogovorili da urade istu stvar, već su na ćupama imali više čvoruga nego dlaka. Ponudiše da plate danak svojom odećom, računajući da je bolje ležati u krevetu zbog golotinje, nego zbog uboja. I tako ih te noći pustiše, a sledećeg jutra zatražiše od njih da se poskidaju, pa videše da se, kad je sva njihova odeća na gomilu skupljena, nije mogao napraviti ni fitilj za lampu.

Ostadoše u krevetu, hoću da kažem, umotani u ćebe, koje je bilo od onih što ih zovu „riđani", na kojima svi trebe vaške. Ubrzo ćebe poče da ih bocka, jer je u njemu bilo vašaka koje je morila pasja glad, i onih drugih što su prekidale osmodnevni post; bilo ih je divovskih, i drugih što bi se i biku za vrat mogle baciti. Pomisliše da će ih toga jutra vaške za doručak pojesti; skidoše ćebe kunući svoju sudbu, i ubiše se od drapanja.

Ja iziđoh iz tamnice, rekavši da mi oproste što im nisam dugo pravio društvo, jer mi i tako nije bilo do njega. Ponovo tutnuh tamničaru u šake tri novčića od po osam reala, i saznavši ko je pisar u našoj parnici, poslah momka po njega. On dođe, ja ga uvedoh u jednu sobu i počeh da mu pričam (pošto je najpre bilo reči o parnici) kako imam ne znam koliko novaca; zamolih ga da mi ga pričuva, i da, koliko može, pomogne nesrećnog plemića koji je na prevaru uvučen u ovaj prestup. „Verujte, Vaša Milosti, reče pošto je stavio pare u džep, da se kod nas sve stavlja na kocku, i ako čovek nije valjan, može da nanese mnogo zla. Više ima onih koje sam ja poslao na galije za džabe, iz čistog zadovoljstva, nego što ima slova u zakonu. Imajte poverenja u mene, i budite uvereni da ću vas izvući bez ikakve optužbe."

On na to ode, a na vratima se okrenu da zatraži nešto za dobrog Dijega Garsiju, stražara, jer je bilo važno srebrom mu zapušiti usta, i tome dodao ne znam koliko za izvestitelja, da mu bude lakše da proguta ceo jedan stav. Reče: „Izvestitelj, gospodine, kad samo izvije obrve, podigne glas, lupi nogom o pod da skrene pažnju rasejanom sudiji, jednim pokretom uništi poštenog čoveka." Ja shvatih šta mi se govori, pa dodadoh još pedeset reala; on mi zauzvrat reče da ispravim okovratnik na ogrtaču, dade mi dva saveta kako da lečim prehladu koju sam dobio od hladnoće u tamnici, i na kraju mi reče, gledajući me onako u okovima: „Prištedite sebi muke, jer za osam reala koje ćete dati stražaru, on će vam ih olakšati; ovi ljudi neće učiniti dobro delo ako nemaju interesa." Dopalo mi se to upozorenje. Na kraju on ode, a ja tamničaru dadoh jedan škud; on mi skide bukagije.

Puštao me je u svoju kuću. Žena mu je bila pravi kit, a dve ćerke (đavo da ih nosi) ružne i glupe, raspusnog života, uprkos svojim licima. Desilo se da tamničar (taj se zvao Blandones de San Pablo, a žena mu Ana Moraes) dođe na ručak, dok sam ja tamo bio, jako ljut i sve frkćući. Nije hteo da jede. Žena, strepeći od neke velike nevolje, priđe mu, i naljuti ga toliko svojim uobičajenim nepodopštinama, da joj reče: „Šta ima da bude, kad mi je onaj mamlaz i lopuža Almendros, kućevlasnik, rekao, kad sam se s njim sporečkao oko kirije, da ti nisi čista?" „Pa je li mi taj blato skidao sa skuta? Reče ona; tako mi nebeskog naselja moga pokojnog dede, pa ti nisi nikakav muškarac kad mu zbog toga nisi počupao bradu. Zovem li ja njegove sluškinje da mi čiste?" Pa se okrenu meni i reče: „Hvala Bogu da ne može da kaže da sam Čivutka, kao on što je, četiri stana ima, dva su za obične ljude, a oni po osam maravedija, za Čivutina. Tako mi vere, don Pablos, da sam ga ja čula, rekla bih ja njemu da mu se još na leđima vidi krstača svetog Andreja, što se za okajanje greha nosi."

Tada stražar, veoma utučen, odgovori: „Jao, ženo, ćutao sam zato što je rekao da ti na svojim leđima imaš koju letvicu s tog krsta. To da nisi čista nije rekao zato što si svinja, nego zato što svinjetinu ne jedeš." „Znači, rekao je da sam Čivutkinja? A ti to tako mirno pričaš, blago meni? Tako ti braniš čast donja Ane Moraes, ćerke Estebana Rubija i Huana de Madrida, što zna i Bog otac, i ceo svet?" „Kako! Sin (rekoh ja) Huana de Madrida?" „Huana de Madrida, iz Aunjona." „Tako mi Boga (rekoh ja) budaletina koja je to rekla je Čivutin, nabiguz i rogonja (pa se okrenuh prema njima) Huan de Madrid, gospodine moj, Bog da mu dušu prosti, bio je brat od strica moga oca. Ja ću da dokažem ko je on i kakav je; ovo se već i mene tiče; ako iziđem iz apsa, nateraću ja tog dripca da porekne sto puta. Imam povelju u selu, u vezi s obojicom, zlatnim slovima pisanu!"

Obradovaše se novom rođaku, i okuražiše se kad čuše ono za povelju, a niti sam je imao, niti sam znao ko su ti ljudi. Poče muž da se raspituje o pojedinostima srodstva. Ja, da me ne uhvati u laži, napravim se da sam van sebe od besa, sve proklinjem i psujem. Oni su me smirivali, govoreći da o tome više ne treba pričati. A ja, malo-malo pa kao slučajno kažem: „Huan de Madrid! Da se tako podsmeva povelji koju imam!" Ili bih govorio: „Huan de Madrid, stariji! Otac Huana de Madrida bio je oženjen Anom de Asevedo, debelom." Pa bih opet malo poćutao.

Na kraju, uza sve to, zatvorski upravitelj mi dade da jedem i da spavam u njegovoj kući, pa je pisar, koga je on zamolio i koga smo novcem podstakli, sve uradio tako dobro da su staricu izveli ispred svih, jašući na mrkom magarcu-predvodniku, a pred njom je išao dobošar, izvikujući grehe koje je počinila. Dobošar je vikao: „Ova žena kažnjava se zbog lopovluka!" Njegov ritam pratio je dželat po ženinim rebrima, kako su mu i naložila gospoda u togama. Za njima su išli svi moji drugovi, na magarcima-vodonošama, bez šešira, otkrivenih lica. Izvodili su ih da ih izlože sramu i, koliko su bili odrpani, svaki je od njih svoj nosio na videlu. Proteraše ih na šest godina. Ja iziđoh na jamstvo, zahvaljujući pisaru. Ni izvestitelj nije omanuo, nego je promenio ton, govorio je polako i muklo, prećutkivao razloge i gutao čitave stavove.

GLAVA V

O tome kako se smestio u konačištu, i o nesreći
koja ga je tamo zadesila

Iziđoh iz apsa. Nađoh se sam i bez prijatelja; mada su mi javili da su krenuli put Sevilje o trošku milostinje, nisam hteo da pođem za njima.

Odlučih da pođem u konačište, gde nađoh neku plavokosu, beloputu devojku; umela je da očijuka, bila je vesela, ponekad nametljiva, ponekad razmetljiva i metljiva: malo je šuškala; bojala se miševa, ponosila se svojim rukama, i da bi ih pokazivala, malo-malo pa useče sveću, seče jelo na trpezi, u crkvi uvek drži sklopljene ruke, ulicom večito pokazuje koja je čija kuća, u primaćoj sobi, svaki čas ima da zabode neku iglu u jastuče, a ako je trebalo da se igra neka igra, to su uvek morale biti pipe-guse, jer se tu pokazuju ruke. Pravila se da zeva, namerno, iako joj se nije zevalo, samo da pokaže zube i da se pokrije šakom. Ukratko, celu je kuću toliko ispipala svojim rukama, da je čak i roditeljima dosadila.

Veoma su me lepo ugostili u svojoj kući, a za izdavanje su imali, s veoma dobrom posteljinom, za tri stanara. Ja sam bio jedan, drugi neki Portugalac, i još neki Katalonac. Jako su me dobro primili.

Učinilo mi se da nije loše što je devojka tu da razgali čoveka, a drugo, i u kući sam se osećao udobno. Odlučim da bacim oko na nju; pričao sam joj priče koje sam pripremio za udvaranje; smišljao sam novosti, mada ih nikad nije bilo; služio sam ih u svemu što je bilo za džabe. Govorio sam im da umem da bacam čini, da sam čarobnjak, da bih mogao uraditi tako da im izgleda da se kuća ruši i da gori, i druge stvari koje su one, kao dobre vernice, gutale. Kod svih sam izazivao osećaj zahvalnosti, ali ne i zaljubljenosti, jer pošto nisam bio dovoljno dobro odeven koliko je razum nalagao, iako sam malo popravio odeću (uz pomoć upravitelja zatvora, koga sam stalno posećivao, čuvajući svoju krv od čistog mesa i hleba što sam kod njega jeo) nisu na mene obraćali onoliko pažnje koliko je trebalo.

Kako bih se prikazao kao bogataš koji to skriva, smislio sam da pošaljem svojoj kući neke prijatelje da me potraže kada nisam tu. Uđe jedan, prvi, pitajući da li je tu don Ramiro de Gusman, jer sam rekao da se tako zovem (pošto su me prijatelji naučili da menjanje imena ništa ne košta, a korisno je). Ukratko, on upita za don Ramira, „bogatog trgovca, koji je sad napravio tri ugovora s Kraljem". Domaćice me po tome ne poznadoše, i odgovoriše da tu živi samo neki don Ramiro de Gusman, više odrpanac nego bogataš, sitan u telu, ružan u licu i siromašan. „To je taj, odgovori on, o kojem vam govorim, a ja sebi ne bih poželeo veću rentu, kao sluga Božji, nego što je ta njegova od dve hiljade dukata." Napričao im je još lagarija, one se isprepadaše, a on im ostavi lažno bankovno pismo, po kojem sam imao da naplatim devet hiljada škuda. Reče im da mi ga predaju u ruke, i otide.

Devojka i majka poverovaše u bogatstvo, pa me tako kaparisaše za muža. Ja dođoh sve uveliko pretvarajući se, a kad uđoh, one mi predadoše hartiju govoreći: „Novac i ljubav teško je sakriti, don Ramiro. Kako to da Vaša Milost krije od nas ko je, a mi smo tako ljubazne prema vama?" Ja se napravih kao da sam se naljutio što je onaj ostavio hartiju, i otidoh i svoju sobu. Da ste samo videli kako su mi, misleći da imam novaca, govorile kako mi sve lepo pristaje, oduševljavale se mojim rečima, nije bilo takve duhovitosti kao što je moja. Kad videh da su se upecale, izjavih ljubav devojci, i ona me sasluša prezadovoljna, govoreći mi hiljadu lepih reči.

Raziđosmo se; i jedne noći odlučih da ih još čvršće uverim u svoje bogatstvo; zatvorih se u sobu, koja je od njihove bila odvojena samo tankom pregradom, pa izvadivši pedeset škuda, uzeh da ih prebrojavam na stolu toliko puta, da su čule kako sam izbrojao šest hiljada škuda. Za njih je to što su me videle s toliko gotovog novca bilo sve što sam poželeti mogao, jer su samo brinule kako da mi ugode i da me usluže.

Portugalac se zvao *o sinhor* Vasko de Meneses, vitez od Drveta, hoću da kažem, od Krsta. Nosio je crnu kabanicu, čizme, mali okovratnik i velike brkove. Izgarao je za donja Berengelom de Robledo, jer tako se ova zvala. Udvarao joj se tako što bi seo da razgovara, pa bi uzdisao više nego zadušna baba za vreme Velikog posta. Loše je pevao, i stalno je bio u sukobu s Kataloncem, koji je bio najtužniji i najbedniji stvor Božiji; jeo je po groznici trodnevici, svakog trećeg dana, i to hleba toliko tvrdog, da ga ni klevetnik ne bi mogao svojim oštrim jezikom savladati; pretvarao se da je junačan, ali mu je još samo falilo jaja da podmeće, pa da vidiš kakva bi kukavica bio, jer je po ceo dan samo vikao kuku, kuku.

Kad ova dvojica videše koliko sam ja uznapredovao, počeše da me ogovaraju. Portugalac je govorio da sam pun vaški, lopuža i odrpanac; Katalonac je govorio da sam strašljivac i podmuklica. Ja sam sve to znao, pa sam ih čak ponekad čuo, samo me je mrzelo da im odgovaram. Na kraju krajeva, devojka je sa mnom razgovarala i moja pisamca primala. Počinjao bih onim uobičajenim: „Ovu moju drskost samo ogromna lepota Vaše Milosti..."; pisao sam i ono „izgaram", pričao kako sam „na muke stavljen", nudio se kao rob, potpisivao srcem sa strelom... Konačno, pređosmo na ti, i ja, da bih što više potkrepio uveravanja u svoje vrednosti, iziđoh iz kuće i unajmih mazgu, pa zakukuljen i promenivši glas, dođoh u konačište i upitah za samog sebe, pitajući živi li tu njegova milost don Ramiro de Gusman, gospodar Valserada i Veljoreteta. „Ovde živi, odgovori devojka, jedan gospodin s takvim imenom, sitan u telu." Ja pokazah znacima da je to taj, i zamolih da mu prenesu da je Dijego de Solorsana, nadzornik njegovih dobara, koji je pošao po novac, svraćao da mu poljubi ruku. Na to otidoh, i malo zatim se vratih kući.

Primiše me s najvećim veseljem na svetu, pitajući zašto sam skrivao od njih da sam gospodar Valserada i Viljoreteta. Preneše mi poruku. Na to se devojka prelomila, polakomila se za tako bogatim mužem, i smislila da dođem kod nje u jedan po ponoći, hodnikom koji je izlazio na krov, gde se nalazio prozor njene odaje.

Đavo, koji je lukav u svemu, uredi tako da se ja, kad pade mrak, u želji da iskoristim priliku, popnem u hodnik, a kada se popeh na krov, noge mi se okliznuše, pa naletim na prozor suseda, pisara, i tako dobro tresnem, da polomim sve crepove, koji mi ostadoše utisnuti u rebra. Na tu buku se probudi pola kuće, pa pomislivši da su lopovi (jer se ljudima tog zanata samo lopovi priviđaju) popeše se na krov. Kad to videh, htedoh da se sakrijem iza nekog dimnjaka, pa njihova sumnja postade još veća, jer me pisar i njegova dvojica slugu i brat naočigled moje dame umlatiše od batina i svezaše, i nikakva objašnjenja mi nisu vredela. Ali ona se tome slatko smejala, jer pošto sam joj rekao da umem da pravim šale i da bacam čini, pomislila je da sam pao zato da bih je nasmejao i očarao, i samo je govorila da je dosta, da se popnem već jednom. Na sve to, i još uz batine i pesnice što se na mene sručiše, ja sam urlao, a najlepše od svega je što je ona pomislila da je sve to opsena i nije prestajala da se smeje. Pisar zatim poče da sastavlja predmet, a pošto su mi u džepu zazvečali ključevi, on reče i napisa da je to kalauz, mada ga nije video, i tu nije bilo leka. Ja mu rekoh da sam don Ramiro de Gusman, i on se od srca nasmeja. Ja, tužan, videh kako me hapse bez razloga i pod pogrešnim imenom, pa nisam znao šta da radim. Klečao sam na kolenima, ali ni tako, niti bilo kako, nije se moglo izići na kraj sa pisarom.

Sve se to događalo nebu pod oblake, na krovu, a takvi kao što je on, čak i kad Boga u oči gledaju, svedoče lažno. Narediše da me spuste, i to učiniše kroz neki prozor koji je vodio u prostoriju što je služila kao kuhinja.

GLAVA VI

Nastavlja se priča, uz mnoge druge događaje

Cele noći nisam oka sklopio, razmišljajući o svojoj nesreći, a ona nije bila u tome što sam pao na krov, nego što sam pao u pisarove ruke. A kad sam se samo setio onoga s kalauzom i listovima koje je ispisao u svojoj tužbi, shvatio sam da nema ničega što raste takvom brzinom kao krivica u rukama pisara.

Proveo sam noć smišljajući šta ću; čas bih se rešio da ga molim u ime Isusa Hrista, ali kad sam se setio šta se njemu s pisarima dogodilo za života, nisam se usuđivao. Hiljadu puta sam poželeo da se razdrešim, ali bih se potom predomislio: ustajao je da proverava čvorove, jer se više on brinuo kako će da smisli prevaru nego ja za svoje dobro. Osvanu zora, i on se obuče u vreme kad se u celoj kući niko drugi nije podigao, osim njega i njegove tužbe. Dohvatio je konopac i ponovo mi prebrojao rebra, grdeći me zbog poroka kradljivosti, kao neko ko se u to jako dobro razume.

Time smo se bavili, on sve brojeći moja rebra, a ja bezmalo spreman da mu izbrojim novaca koliko traži, jer to je krv kojom se bruse onakvi dijamanti, kadli uđoše, pošto ih je moja dragana nagovorila i primorala, kad je videla da sam pao, i dobio batine, pa se uverila da to nije nikakva čarolija, nego nesreća, onaj Portugalac i Katalonac, pa kad pisar vide kako oni sa mnom razgovaraju, on isuka pero i htede da ih navede kao saučesnike u zločinu.

Portugalac to nije mogao da podnese, te mu se obrati malo grubljim rečima, govoreći kako je on gospodin „kolenović iz Kraljevske kuće", kako sam ja čovek „mnogo plemeniti", i da je budalaština držati me vezanog. Poče da me odvezuje, a pisar istog trena viknu: „Opiranje!" i dvojica njegovih slugu, pola stražari, pola amali, zgaziše na svoje ogrtače, poderaše okovratnike, kako to obično rade da pokažu ubode kojih nije bilo, i zamoliše za Kraljevu milost. Ona dvojica me na kraju razvezaše, i kad pisar vide da nema ko da mu pomogne, reče: „Kunem se Bogom da se sa mnom ne može tako postupati, i da Vaše Milosti nisu oni koji jesu, moglo je skupo da vas košta. Izvolite dati zadovoljenje samo za ova svedočanstva, i znajte da vas ja služim bez ikakvog koristoljublja." Čim sam shvatio, izvadio sam osam reala i dao mu ih, i još sam hteo da mu vratim i batine koje sam od njega dobio; ali da ne bih priznao da sam ih dobio, ostavih se toga, i otidoh sa njima, zahvaljujući se na oslobađanju i spasavanju.

Uđoh u kuću lica rumena od udaraca i leđa malo lomnih od batina. Katalonac se slatko smejao, i govorio devojci da se uda za mene, pa da okrene naopačke onu izreku, da ne bude: rogonja, i još pretučen, nego: em pretučen, em rogonja, pa u kolo nek se hvata. Govorio je da sam odrešit i otresit, jer su me batine protresle; uvredio me je tim dvosmislicama. Ako bih ušao da ih posetim, oni bi odmah počeli da pričaju o štapovima, a ponekad i o cepanicama ili daskama. Ja se nađoh postiđen i osramoćen, i videh da će brzo otkriti smicalicu sa bogatstvom, pa počeh da smišljam kako da se iskobeljam iz te kuće; da ne bih platio ni za hranu, ni za noćenje, ni za stanovanje, jer je to već izlazilo na poprilično reala, nego da sačuvam sve svoje imanje, dogovorih se s nekim licencijatom Brandalagasom iz Orniljosa, i druga dva njegova prijatelja, da jedne noći dođu da me uhapse. Oni dođoše kad je dogovoreno, rekoše gazdarici da dolaze u ime Svete službe Inkvizicije, i da sve treba da ostane u tajnosti. Sve su drhtale, pošto sam se pred njima pravio da sam čarobnjak. Kad su me izveli, ćutale su; ali kad videše kako iznose i moj prtljag, zatražiše da se stavi zabrana zbog duga, a ovi odgovoriše da je to vlasništvo Inkvizicije. Na to ni živa duše nije smela da pisne.

Pustiše nas da iziđemo, i rekoše da su se uvek toga pribojavale. Ispričale su Kataloncu i Portugalcu kako su došli po mene; ova dvojica rekoše da su to bila đavolja posla, i da sam ja đavo zaštitnik. A kada im ispričaše za novac koji sam brojao, oni rekoše da je izgledao kao novac, ali nije bio; nikako se nisu mogli uveriti u to.

Ja izvukoh svu odeću, i još hranu mufte. Dogovorih se s onima što su mi pomogli da se presvučem, da stavim na sebe gaće s ukrasima i da se nosim prema običajima, s velikim okovratnikom, i s lakejom u sitnišu: u stvari, s dva lakejčića. Oni me na to podstakoše, ukazujući mi na korist koju ću imati oženim li se razmetljivo, prikazujući se kao bogataš, i da je to česta stvar u prestionici; i još dodadoše da će me oni uputiti kuda treba da idem i gde će mi biti dobro, i na koji način da se ponašam. Ja, sav crn od želje da ulovim ženu, pristanem; išao sam na nebrojene rasprodaje, i kupovao svadbenu odeću. Saznao sam gde se iznajmljuju konji, pa još prvog dana obezbedih sebi jednog, ali ne nađoh lakeja.

Iziđoh na ulicu Major i stadoh pred radnju s konjskom opremom, kao da hoću da iznajmim lakeja. Naiđoše dva plemića, svaki sa svojim. Upitaše me da li prodajem to srebro koje držim u ruci; ja se raspričah i, uz hiljadu ljubaznosti, zadržah ih malo; na kraju mi rekoše da su krenuli u Prado da se malo zabave, a ja odgovorih, ako im nije na smetnji, da ću poći s njima. Po trgovcu poručih, ako se pojave moji paževi i lakej, da ih pošalje u Prado. Rekoh mu kako izgledaju njihove livreje, pa stadoh između one dvojice, i krenusmo. Razmišljao sam o tome kako niko ko bi nas video ne bi mogao da kaže čiji su lakeji, niti koji od nas trojice ih nema.

Počeh veoma oštro da govorim o konjičkim igrama u Talaveri, i o mom belcu; mnogo sam pred njima hvalio šarca kojeg sam čekao iz Kordobe. Kada bismo naišli na nekog paža, konja ili lakeja, zaustavljao sam ih i raspitivao se čiji su, i kazivao im kome da se jave ako žele da ih prodaju, tražio da konj napravi dva kruga po ulici, pa čak i ako ne bi imao mane, ja bih našao da mu sa žvalama nešto nije u redu, pa bih davao savete kako da se to popravi. Sreća je htela da mi se za to pruži mnogo prilika. I pošto su ona dvojica bili zadivljeni i, po mom mišljenju, pitali se: „Ko li je ovaj hvalisavi golja?" jer je jedan na prsima nosio viteški krst, a drugi dijamantsku ogrlicu (koja je predstavljala viteško obeležje i plemićko imanje ujedno) ja rekoh da sam krenuo u potragu za dobrim konjima za sebe i nekog mog rođaka, jer smo krenuli na neke svečanosti.

Stigosmo u Prado, i kada smo ulazili, ja izvučem nogu iz uzengije, proteglim noge, i krenem u šetnju. Imao sam ogrtač prebačen preko ramena i šešir u ruci. Svi su me gledali; neko bi rekao: „Ovoga sam ja video kako pešice ide"; a drugi: „Vidi, vidi, nikogović se lepo doterao". Ja sam se pravio da ništa ne čujem, i šetao se.

Ona dvojica priđoše nekim damskim kočijama, i zamoliše me da se na trenutak tu pozabavimo. Ja im ostavih onu stranu gde su bile devojke, i priđoh majci i tetki. Bile su to vesele starice, jedna od pedesetak, a druga jedva malo mlađa. Ja im rekoh hiljadu nežnosti, i one su me slušale (jer nema te žene kojoj su, ma koliko stara bila, godine preče od samoljublja). Obećavao sam im poklone i pitao ih za položaj onih gospođa, te mi rekoše da su devojke, što se i videlo po njihovom razgovoru. Ja rekoh ono uobičajeno: poželeh im da budu *zbrinute* kako zaslužuju; mnogo im se dopala reč zbrinute. Zatim me upitaše šta me zadržava u prestonici. Odgovorih im da sam pobegao od oca i majke, koji hoće da me ožene protiv moje volje ženom ružnom i glupom i od rđavog roda, ali s velikim mirazom. „A ja, moje dame, više volim čistu ženu bez prebijene pare nego bogatu Čivutkinju jer, Božijom dobrotom, moje imanje vredi blizu četiri hiljade dukata rente; a ako dobijem parnicu, za šta imam velikih izgleda, ni u čemu neću oskudevati." Tetka je odmah skočila: „Jao, gospodine, kako ste mi dragi! Ženite se samo sa zadovoljstvom, i to ženom iz dobre kuće, jer kunem vam se, iako nisam mnogo bogata, nisam htela da udajem sestričinu, mada su joj se nudile bogate prilike, zato što to nisu bili ljudi od ugleda. Ona je sirota, ima samo šest hiljada dukata miraza, ali po krvi, nikom ništa nije dužna." „To mi se čini jako dobro" (rekoh ja). U to, devojke dovršiše razgovor tražeći od mojih prijatelja nešto za užinu:

> Svi junaci nikom poniknuše
> I u crnu zemlju pogledaše.

Vidim da mi se ukazuje prilika, pa rekoh da su mi se paževi izgubili, te nemam koga da pošaljem kući po kovčežiće s hranom. One mi se na tome zahvališe, a ja ih zamolih da sledećeg dana dođu u Kasa de Kampo, i da ću ih poslužiti hladnom zakuskom. One zatim pristadoše; rekoše mi gde žive, i upitaše me za moju kuću. Na to se kočije udaljiše, a moji drugovi i ja pođosmo kući.

Pošto su videli koliko sam široke ruke po onome sa užinom, odlučiše da se sprijatelje sa mnom, i da bi me obavezali, zamoliše me da večeram s njima te večeri. Ja sam ih malo pustio da me mole, mada ne mnogo, pa sam večerao s njima, šaljući da se potraže moje sluge, i kunući se da ću ih izbaciti iz kuće. Otkuca deset, i ja rekoh da je vreme za izvestan ljubavni susret i da ih molim da me izvine. Otidoh, dogovorivši se za petak popodne u Kasa de Kampo.

Otidoh da vratim konja gde sam ga unajmio, a otuda kući. Zatekoh drugove kako se kartaju. Ispričah im šta se desilo i šta sam se dogovorio, pa odlučismo da užinu svakako pošaljemo, i da na nju potrošimo dvesta reala.

Polegasmo s tom namerom. Priznajem da cele noći nisam mogao da zaspim, od silne brige šta ću uraditi s mirazom. A najviše sam se premišljao da li da od njega napravim kuću, ili da ga dam pod kamatu, jer nisam znao šta je od toga bolje i korisnije.

GLAVA VII

U kojoj se nastavlja o istom, uz druge događaje
i nesreće koje su usledile

Svanulo je, i probudismo se da smislimo kako ćemo za sluge, novac i užinu. Konačno, pošto para vrti gde burgija neće, i nema toga ko se pred novcem ne klanja, platimo poslužitelju nekoga velikaša, on mi da srebrninu, i dođe da služi zajedno s još dvojicom slugu.

Jutro je prošlo u nužnim pripremama, a popodne sam već imao iznajmljenog svog konjica; u naznačeno vreme, krenem prema Kasa de Kampo. Pun mi je opasač bio hartija, nalik na sudske spise, i šest dugmadi na haljetku otkopčanih, odakle je virilo još papira. Stigoh, a tamo već one dame i gospoda, i sve. One me dočekaju jako ljubazno, oni mi se obraćaju na ti, u znak prisnosti. Bio sam rekao da se zovem don Filipe Tristan, pa je celog dana bilo don Filipe ovo, don Filipe, ono. Ja počeh da pričam kako sam bio toliko zaokupljen poslovima Njegovog Veličanstva i računicama oko svog imanja, da sam se pobojao da neću uspeti da održim reč; i da je zato užina spremljena na brzinu.

U to stiže poslužitelj sa svojom skalamerijom, srebrninom i slugama; ona dvojica i žene samo su me gledali i ćutali. Poslah ga da pripremi sve za užinu pod senicom, a mi krenusmo do jezera. Starice mi se primakoše da mi ugađaju, i uživao sam dok sam gledao devojke onako otkrivene, jer nikada nisam video, otkako me je Bog stvorio, nešto tako lepo kao što je bila ona s kojom sam ugovarao brak: bela, plavokosa, rumena, malih usta, sitnih, zbijenih zuba, lepog nosa, očiju bistrih i zelenih, visoka stasa, lepih šaketina i šiškavog govora. Ona druga nije bila loša, ali je bila odrešitija, pa sam posumnjao da nije baš naivna.

Otidosmo do jezera, sve videsmo, i tokom razgovora saznadoh da bi mojoj verenici u Irodova vremena pretila pogibelj, jer je bila nevina. Nije znala ništa, ali pošto meni žena ne treba ni kao savetnik, ni kao zabavljačica, nego da s njom legnem, a ako je žena ružna i pametna, to ti je kao da ležeš s Aristotelom ili Senekom ili s nekom knjigom, ja se trudim da nađem onu koja će mi biti dobra u rvačkim veštinama; jer kada je glupa, zna i više nego dovoljno, samo ako zna znanje. To me je utešilo. Primakosmo se senici, i kad smo prolazili pored nekog granja, zakači mi se za drvo ukras na okovratniku i malo se pocepa. Devojka priđe i zakači ga srebrnom iglom, a majka reče da sledećeg dana pošaljem okovratnik njenoj kući, da će ga tamo popraviti donja Ana, jer tako se moja devojka zvala.

Sve je bilo izvanredno; užina je bila obilna, jela i toplih i hladnih, i voća i kolača. Raskloniše trpezu i, dok su se time bavili, ja videh kako nam prilazi neki gospodin s dvojicom slugu, preko polja, i kad sam se najmanje nadao, prepoznam svog dobrog don Dijega Koronela. On mi priđe, i kako sam bio onako odeven, on me je samo gledao. Razgovarao je s onim ženama i obraćao im se kao rođakama; i uza sve to, samo se osvrtao i gledao me. Ja sam razgovarao s poslužiteljem, a ona druga dvojica, koji su bili njegovi prijatelji, uveliko su se upustili u razgovor s njim.

On ih upita, kako se potom pokazalo, za moje ime, i oni rekoše: „Don Filipe Tristan, veoma častan i bogat gospodin." Ja videh da se on krsti. Na kraju, pred ženama i svima ostalima, on mi priđe i reče: „Oprostite mi, Vaša Milosti, jer Bog mi je svedok da sam vas, dok nisam saznao vaše ime, smatrao za osobu potpuno drugačiju od onoga što ste; nikad nisam video nekoga toliko sličnog jednom slugi koga sam imao u Segoviji, koji se zvao Pabljos, sin berberina iz istog mesta." Svi se slatko nasmejaše, a ja sam se napregao da me boja lica ne otkrije, pa mu rekoh da imam želju da upoznam tog čoveka, jer su mi bezbrojni ljudi rekli da izuzetno ličimo. „Isuse Hriste! (rekao je don Dijego). Kako, ličite? Stas, govor, pokreti, čak i taj beleg na čelu, koji je kod Vaše Milosti sigurno od rane, a kod njega je od batina koje je dobio kad je ušao da krade kokoške. Nikad nisam tako nešto video! Kažem vam, gospodine, da je to veliko čudo, i da nikad nisam tako nešto video." „Đavo neka ga nosi (rekoh ja) zar tog ugursuza nisu obesili?" Tada starice, tetka i majka, rekoše da nije moguće da na jednog tako otmenog gospodina liči neki tako niski probisvet kao što je onaj. A da na njih ne bi pala nikakva sumnja, jedna od njih reče: „Ja don Filipea jako dobro poznajem, on nas je po nalogu moga muža (koji je bio njegov veliki prijatelj) ugostio u Okanji." Shvatih o čemu je reč, pa rekoh da mi je oduvek bilo i da će mi uvek biti drago da im budem na usluzi s ono malo mogućnosti, ma gde bio.

Don Dijego mi se preporuči, i zamoli me za oproštaj zbog uvrede koju mi je naneo smatrajući me za berberinovog sina. Pa dodade: „Vaša Milost ne bi poverovala: majka mu je bila veštica i malo kurva, otac lopov, ujak dželat, a on jedan od najpokvarenijih ljudi i najvećih ugursuza na svetu." Ja sam odgovarao, na silu se osmehujući, „Fina varalica! Kopile i propalica!" A iznutra, neka samo pomisli smerni čitalac za kakvog sam bednika sebe smatrao. Bio sam, mada sam to prikrivao, kao na žeravici. Rekosmo da se vraćamo u grad. Ja i ona dva gospodina se oprostismo, a don Dijego uđe s damama u kočiju. On ih upita otkud ta užina i otkud one sa mnom, i majka i tetka rekoše da ja imam imanje s toliko i toliko dukata rente, i da hoću da se oženim donja Anikom; da se obavesti, pa će videti kako stvar ne samo što je pogođena, nego i predstavlja veliku čast za ceo njihov rod.

U tome su proveli put do kuće, koja se nalazila u ulici Arenal, kod crkve Svetog Filipa. Mi otidosmo kući zajedno, kao i prethodne večeri. Oni me pozvaše da se kockamo, u želji da me opelješe. Ja shvatim šta mi spremaju, pa sednem. Izvadiše karte; bile su označene. Izgubim jednu ruku. Rešim da im smestim, pa im uzmem trista reala; tako se oprostim i odem svojoj kući. Naiđem na svoje drugove, licencijata Brandalagasa i Pera Lopesa, koji su proučavali veličanstvene smicalice s kockom. Kad me videše, ostaviše se toga, željni da čuju šta mi se dogodilo. Ja sam došao snužden i namrgođen; samo im rekoh da sam se našao u neviđenoj stisci. Ispričam im kako sam naleteo na don Dijega, i šta se desilo; oni me utešiše, savetujući mi da se pretvaram i da ne odustajem od svoje namere nikako i ni zbog čega.

U to saznamo da se igraju karte u kući suseda, apotekara. Tad sam se već u karte sasvim pristojno razumeo, jer sam bio premazan svim mastima, i imao označene karte, divota jedna. Rešimo da odemo da im smrsimo račune (to jest, da im ispraznimo džepove); pošaljem prijatelje napred, oni uđu u sobu i kažu kako bi voleli da igraju zajedno s nekim fratrom koji je upravo stigao na lečenje kod nekih svojih rođaka, bolestan, ali s bisagama punim kao šipak i čarapom punom dublona. Svima se oči raširiše od pohlepe, pa povikaše: „Neka je dobrodošao fratar!" „To je čovek koji veoma poštuje svoj red (odvrati Pero Lopes) a pošto je sad izišao, hoće da se zabavi, ali on to više zbog razgovora." „Samo neka dođe, zbog čega god bilo." „Ne sme ulaziti niko sa strane, zbog njegove povučenosti", reče Brandalagas. „ Ni govora o tome (reče domaćin); čak ni sluge." Tako se oni uveriše da je stvar spremna, i da su poverovali u njihovu laž.

Moji družbenici dođoše, a ja sam već bio s kapom na glavi da sakrijem teme i da se pretvaram da sam bolestan; posuo sam se slamom i udesio se kao da sam pod groznicom, namestio boju žutu kao vosak i fratarsku odeždu, naočare i bradu koja, pošto je bila kratka, nije odmagala. Uđem ponizno, sednem, igra počne. Oni su nosili poprilično; mislili su da će me njih trojica namagarčiti, ali su oni ispali magarci, pošto sam ih ja, koji sam znao više od njih, tako izradio, da sam za tri sata odneo više od hiljadu i trista reala. Opeljšim ih, i uz jedno „Bogu neka je slava i hvala!", oprostim se, preporučujući im da se ne sablazne što su me videli kako se kartam, da je to bila samo zabava i ništa drugo. Oni drugi, koji su izgubili sve što su imali, dozivali su hiljadu đavola. Ja se oprostim, iziđemo napolje.

Kući smo stigli u pola dva, i legli pošto smo podelili zaradu. Time sam se malo utešio zbog onog događaja, i ujutro ustadoh da potražim konja, pa ne nađoh nijednog da ga unajmim; po tome saznam da ima još mnogo drugih poput mene. Pošto je ružno izgledalo da idem pešice, otišao sam do Svetog Filipa i tamo naišao na lakeja nekog advokata, kome je čuvao konja i čekao ga, jer je ovaj sjahao da ode na misu. Tutnem mu četiri reala u ruke, kako bi mi, dok je njegov gospodar u crkvi, dopustio da obiđem dva kruga na konju ulicom Arenal, u kojoj je živela moja dama.

On pristane, ja uzjašem konja i obiđem dva kruga, uz ulicu, niz ulicu, ne videvši ništa; kad krenem treći put, pojavi se donja Ana. Čim je opazim, pošto nisam poznavao ćud konja niti sam bio dobar jahač, a hteo sam da joj se poklonim, udarim konja dvaput i povučem ga za uzde; on se propne, i sve bacajući čifte, jurne galopom, i ja završim naglavce u nekoj bari.

Kad se videh kakav sam, okružen dečurlijom koja je dotrčala, i to pred svojom damom, počnem da govorim: „O, izrode konjski! I ti si mi plemenit konj! Ove nepromišljenosti će me stajati glave. Rekli su mi kakva mu je ćud, a ja sam hteo da se inatim s njim." Lakej je već dovodio konja, koji je stao malo dalje. Krenem da uzjašem; na tu buku, kroz prozor je provirio don Dijego Koronel, koji je živeo u kući svojih rođaka. Kad sam ga ugledao, prebledeo sam. On me upita da mi se nije nešto desilo; rekoh da nije, mada sam povredio nogu. Lakej me je požurivao, da njegov gospodar ne bi izišao i video ga, jer je trebalo da ide na dvor. Ja sam takve sreće da, dok mi je lakej govorio da krenemo, iza leđa nam dođe advokatić, pa prepoznavši svoju ragu, navali na lakeja i počne da ga udara pesnicom, vičući kakva je to budalaština da bilo kome daje njegovog konja; a najgore je bilo to što mi je, okrenuvši se prema meni, rekao da sjašem, za ime Boga, i to veoma ljutito. Sve se to događalo pred očima moje dame i don Dijega: nijedan lopov koga su bičevali nije bio izložen takvom ruglu. Bio sam tužan i pretužan kada sam video dve tako velike nesreće na jednom pedlju zemlje. Na kraju sam morao da sjašem; advokat uzjaše i ode. A ja, da prikrijem sramotu, ostanem da sa ulice razgovaram s don Dijegom, pa mu velim: „U životu nisam uzjahao takvu mrcinu. Moj šarac je kod Svetog Filipa, čim ga poteram kasom ili galopom, on podivlja. Pričao sam kako ga teram i kako ga zaustavljam; rekoše mi da je tu neki konj na kojem to ne bih mogao izvesti, a to je konj onoga licencijata. Hteo sam da ga iskušam. Ne biste poverovali koliko je krut u sapima; i još s lošim sedlom, čudo jedno da nisam poginuo." „Stvarno čudo (reče don Dijego) a izgleda da vas povrh svega boli ta noga." „Jeste, boli me (rekoh ja) pa idem po svoga konja, i kući."

Devojka je ostala zadovoljna i ožalošćena zbog mog pada, ali je don Dijego počeo da sumnja u ono s advokatom, i to je bio savršen uzrok ovoj mojoj nesreći, i mnogim drugim koje su me zadesile. A najveća, i temelj svih ostalih bila je ta što, kada sam stigao kući i otišao do kovčega gde sam u nekom sandučetu držao sav novac koji mi je ostao od nasledstva i onoga što sam dobio na kartama, osim sto reala koje sam sa sobom poneo, videh da su dobri licencijat Brandalaga i Pero Lopes poneli sve, i da ih nigde nema. Ostadoh ni živ ni mrtav, ne znajući šta da učinim da se izbavim. Govorio sam sebi: „Proklet da je ko veruje u zlo stečenu imovinu; kako došlo, tako otišlo! Jao meni! Šta ću i kako ću?" Nisam znao da li da pođem da ih tražim, ili da ih prijavim pravdi. To mi se nije učinilo pametno jer, ako bi ih uhvatili, moralo bi se razjasniti ono s mantijom i druge stvari, pa bih završio na vešalima. A da pođem za njima, nisam znao kuda. Na kraju, da mi se i ženidba ne bi izjalovila, jer sam već mislio da sam se mirazom spasao, odlučih da ostanem i da požurim s tim najviše što mogu.

Ručam, i popodne unajmim svog konjica, pa krenem na ulicu; pošto nisam imao lakeja, a da ne bih išao kao da sam bez njega, pre nego što sam ušao, sačekao sam na uglu da se pojavi neki čovek koji bi na lakeja ličio, pa krenuo za njim, napravivši od njega lakeja iako on to nije; a kada sam stigao do kraja ulice, stao sam iza ćoška, dok se nije pojavio drugi koji je isto tako izgledao; krenuo sam za njim, i obišao još jedan krug.

Ne znam da li je u pitanju bila snaga istine da sam ja onaj isti lupež na koga je sumnjao don Dijego, ili je sumnju izazvao advokatov konj, ili šta je već bilo to zbog čega je don Dijego počeo da se raspituje ko sam ja i gde živim, i da me uhodi. Na kraju se toliko potrudio, da je najneverovatnijim putem na svetu saznao istinu; jer ja sam marljivo radio na tome da se oženim, šaljući pismo za pismom, a on, pod pritiskom žena, koje su želele da stvar što pre okončaju, pošavši da me traži naiđe na licencijata Strelicu, a to je bio onaj što me je pozvao na ručak dok sam bio s plemićima. I ovaj, ljut što se više nisam pojavio, u razgovoru s don Dijegom, i pošto je znao da sam ja bio njegov sluga, ispriča mu kakvog me je zatekao kad me je poveo na ručak, a da nema ni dva dana kako je naišao na mene na konju i lepo odevenog, i još sam mu ispričao kako se bogato ženim.

Don Dijego više ništa nije čekao, i vraćajući se kući, naiđe na ona dva gospodina s krstom i ogrlicom, moje prijatelje, blizu Puerte del Sol, pa im ispriča šta se dešava, reče im da se spreme, i čim me uveče vide na ulici, da mi rascopaju tintaru; i da će me prepoznati po ogrtaču koji on nosi, a koji ću nositi ja. Utanače tako, i kad ja uđoh u ulicu, oni me presretnu; i sva se trojica naprave tako da mi je izgledalo da mi nikad nisu bili veći prijatelji nego tad. Zapodenemo razgovor, pričajući o tome šta bi bilo dobro raditi te noći, do ponoćke. Onda se ona dvojica oproste, krenu niz ulicu, a ja i don Dijego ostanemo sami i krenemo ka Svetom Filipu.

Stigavši do ulaza u ulicu Pas, don Dijego reče: „Tako vam života svetog Filipa, da zamenimo ogrtače, jer bih voleo da prođem ovuda a da me ne prepoznaju." „Neka bude, u dobri čas", odgovorim ja. Uzmem njegov ogrtač ne sluteći ništa, i dam mu svoj. Ponudim mu se da mu čuvam leđa, ali on, koji je već bio smislio da namesti koske u mojim, reče da više voli da bude sam, i da se ja sklonim.

Samo što sam se rastao od njega, pod njegovim ogrtačem, kad đavo udesi da dvojica koja su ga čekala da ga izudaraju zbog neke ženice, pomislivši zbog ogrtača da sam ja don Dijego, dohvate pa sruče kišu udaraca po mojim leđima. Ja počnem da se derem, pa oni po glasu i po licu prepoznaju da ja nisam taj. Pobegnu, a ja ostanem na ulici s batinama. Sakrijem tri-četiri čvoruge koje sam dobio, i zastanem malo, jer se nisam usuđivao da uđem u ulicu, od straha. Na kraju, u dvanaest, jer to je bilo vreme kada sam obično s njom razgovarao, dođem do vrata; istoga trena, navali jedan od onih što su me čekali u ime don Dijega, pa udri korbačem po meni, pa udri drugi, pa udri, ožeži od uva do uva, pa mi skinu ogrtač, i ostave me na zemlji, rekavši: „Ovako plaćaju vrdalame i lupeži od lošeg oca i još gore majke!"

Ja počeh da zapomažem i da tražim poslednju pomast; a pošto nisam znao šta je u pitanju – mada sam po rečima naslućivao da je možda gazda iz čije gostionice sam pobegao uz pomoć one smicalice s Inkvizicijom, ili prevareni tamničar, ili moji drugovi, koji su pobegli, i, na kraju krajeva, očekivao sam da mi zabodu nož sa tolikih strana, da nisam znao na koga da svalim krivicu; ali nikako nisam sumnjao u don Dijega niti u ono što je u stvari, pa sam vikao: „Drž'te lopove!" Na to stigoše stražari; podigoše me, pa videvši na mom licu posekotinu dugačku ceo pedalj, bez ogrtača, i kako ne znam šta je u pitanju, dohvate me i povedu da me zaleče. Unesu me u kuću nekog berberina, on mi previje rane, upitaju me gde živim, i odvedu me tamo.

Stave me u krevet, i te noći sve mi je bilo zbrkano, lice mi izranjavljeno i rasečeno na dve pole, noge tako bolne od udaraca, da niti sam mogao da stojim na njima, niti sam ih osećao, pokraden, tako da niti sam mogao da pođem za svojim prijateljima, niti da ugovaram ženidbu, niti da ostanem u prestonici, niti da odem iz nje.

GLAVA VIII

O lečenju i drugim izvanrednim događajima

Ujutro kraj moga uzglavlja osvane gazdarica kuće, dobra starica, zborana i sva naprašena, tako da je ličila na smokvu u brašnu, prava devojčica, ako bi je neko pitao, s onim licem zbrčkanim poput oraha ili kestena; mucava; bradata i razroka i krnjeg nosa; na dlaku prava veštica. U mestu je bila na dobrom glasu, s njim je ustajala i s njim je legala, kao i sa svakim drugim ko bi hteo; provodadžisala je i podvodadžisala. Zvali su je Golubica, davala je kuću u najam, i posredovala u iznajmljivanju drugih. Cele godine njeno se konačište nije praznilo od ljudi.

Trebalo je videti kako je umela da poduči devojku da se pokrije; prvo bi joj pokazala koje stvari treba da otkrije na licu. Onoj koja bi imala dobre zube, da se uvek smeje, čak i kad izjavljuje saučešće; onu koja bi imala dobre ruke, učila je kako da ih pokazuje; plavuši, kako da zamahne kosom i kako da izvuče čuperak ispod marame i kape, da joj viri; onoj s lepim očima, kako da njima šara i žmirka, kad ih zatvori, ili kako da digne pogled u nebo. Tako je bila vešta kad je reč o udešavanju, da joj dođe crna vrana, ona bi umela da joj popravi lice tako da je, kad se vrati kući, od silne beline, ni muž ne prepozna. Glancala je ruke i vratove kao zidove, isterivala sjaj na zubima, čupala malje; imala je neki napitak koji je zvala Irodov, jer je njime umela da ubije čedo pod srcem, i da izazove pobačaj. A najbolja je bila u krpljenju devica. Za samo osam dana koliko sam bio u kući, video sam da sve to radi. A kao kruna svega što je bila, podučavala je u perušanju, i u poslovicama koje žene treba da govore. Čas bi im govorila kako da prodaju nakit: devojčice iz šale, devojke zbog dugova, a starice iz poštovanja i obaveze. Pokazivala je kako se traži gotovina, a kako lančići i prstenje. Ponavljala je reči Vidanje, svoje suparnice iz Alkale, i Planjose, iz Burgosa, i Munjarones, iz Salamanke.

Sve sam ovo rekao kako bi se ljudi sažalili na mene kad vide u čije sam šake dopao, i da bolje odmere sve što mi je rekla; a počela je ovim rečima, jer je uvek govorila u poslovicama: „Ko s đavolom tikve sadi, sine moj don Filipe, o glavu mu se lupaju; od klade iver ne beži; kako si sejao, tako ćeš i požnjeti. Ne razumem ja tebe, niti znam kako živiš; mlad si; ne čudim se što praviš nestašluke, a ne gledaš na to da zemlja jesmo, i u zemlju odlazimo; ja, kao što zemlja jesam, mogu to da ti kažem. Šta to znači, kažu mi da si protraćio mnogo imanja da i ne znaš kako, i da su te ovde videli kao studenta, onde kao vrdalamu, a tu kao plemića, i sve to zbog društva! Reci mi s kim si, sine, pa ću ti reći kakav si; svaka ovca svome stadu; znaj, sine, danas jesi, sutra nisi. Hajde, tikvane, ako si se brinuo zbog žena, pa znaš valjda da sam ja večiti jezičak na vagi za tu robu na ovom svetu; da se prehranjujem od položaja, malo od onih kojima učim druge žene, malo od sopstvenog držanja i položaja, i da se time u ovoj kući bavimo; a ne da juriš za jednim lupežom, drugim lupežom, za ovom kaćiperkom, za onom praznoglavkom, što haba suknju da napuni creva. Kunem ti se da bi mnogo dukata uštedeo da si se meni prepustio, jer ja za novac ništa ne marim. Tako mi pastorčadi i mojih pokojnih muževa, i tako mi moga spasenja, čak ni ovo što mi duguješ za konak ne bih ti sada tražila, da mi ne treba za sveće i trave" (a prodavala je meleme iako nije bila apotekarka, i bilo je dovoljno da je čovek malo podmaže, pa da se ona sama svim mastima premaže, i noću izlazi kroz odžak).

Kad videh da se sva priča i pridika završila na tome da mi traži novac, i da je to bila njena tema, te je njome završila, umesto, kako svi čine, da njome počne, nisam se uplašio od njene posete, jer me nikada nije posećivala dok sam stanovao kod nje, osim onoga dana kad je došla da mi se pravda pošto je čula kako su mi ispričali ne znam šta o vradžbinama, i kako su hteli da je hapse, pa je sklonila ulicu da se ne vidi; došla je da me uveri da nije istina i da je to bila druga žena istog imena.

Izbrojah pare, i dok sam joj ih davao, nesreća, koja na mene nikad ne zaboravlja, i đavo, koji se uvek mene seti, udese da baš dođu da je hapse zbog suložništva, a znali su da joj je prijatelj u kući. Uđoše u moju sobu, i kako me videše u krevetu, i nju sa mnom, uhapsiše i nju i mene, i dobro raspališe po meni pet-šest puta, i izvukoše me iz kreveta. Nju su vezali s još dvojicom, govoreći joj da je svodilja i veštica. Ko bi to pomislio za ženu koja je vodila onako odmeren život!

Na viku stražara i na moje jauke, prijatelj, koji je bio neki piljar što je živeo u zadnjoj sobi, dade se u trk. Oni to videše, i saznadoše iz onoga što je drugi stanar govorio ko sam ja, pa pojuriše za ugursuzom, i uhvatiše ga, a mene ostaviše očerupanog i umlaćenog; i pored sve muke, smejao sam se onome što su mangupi Vodilji govorili. Jedan ju je gledao i govorio: „Kako bi vam lepo stajala mitra, majko, i kako bih se radovao kad bih video kako ispaljuju salve trulog paradajza vama u čast!" Drugi: „Gospoda sudije već su probrali perje, da vas ukrase." Na kraju, dovedoše ugursuza, i oboje ih svezaše. Izviniše mi se, i ostaviše me samog. Meni bi malo lakše kad videh u kakvom su stanju poslovi moje dobre domaćice, te tako nisam imao druge brige nego da ustanem na vreme i da se hitnem na nju svojim patlidžanom. Mada, po onome što je pričala jedna služavka koja je ostala u kući, nisam baš bio siguran da će ostati u apsu, jer mi je rekla ne znam šta o letenju, i drugim stvarima koje mi nisu dobro zvučale.

Osam dana proveo sam u kući lečeći se, i jedva da sam mogao izlaziti; dvanaest kopči imao sam na licu, i morao sam da koristim štake. Ostao sam bez para, jer je sto reala otišlo na lečenje, hranu i stan; i tako, da ne bih pravio veći trošak kad već nemam para, rešio sam da iziđem iz kuće na štakama, da prodam odelo, okovratnike i prsluke, koji su svi bili jako dobri. Uradim to, i onim što mi dadoše kupim kožuh od starog kordovana i prsluk od izvanrednog sukna, siromašku kabanicu, zakrpljenu i dugačku, dokolenice i cipele koje su mi bile velike, i stavim kapuljaču na glavu; bronzani krst nosio sam oko vrata, i brojanice.

U glas i bolne reči kojima ću prositi uputi me neki siromah koji se jako dobro razumeo u tu veštinu; i tako onda počnem da se time bavim na ulicama. Ušijem u prsluk šezdeset reala koji su mi preostali; i tako odem u prosjake, uzdajući se u svoju slatkorečivost. Osam dana sam lutao ulicama, zapomažući onako, bolnim glasom moljakajući: „Udelite dobrom hrišćaninu, rabu Gospodnjem ubogom i kljastom; danas jesi, sutra nisi!" To sam govorio radnim danima, ali o praznicima sam počinjao drugačijim glasom, i govorio: „Pobožni hrišćani, vernici Gospodnji! Tako vam uzvišene vladarke, Carice Anđeoske, Majke Božije, udelite siromahu, sakatom i kljastom pod milim Bogom!" Pa bih malo stao, jer je to jako važno, i zatim bih dodao: „Gadan zadah u sitan sat, dok sam radio u vinogradu, sape mi udove, a bejah zdrav i prav kao što vi jeste, i da budete, Gospodu neka je slava i hvala!"

Na to su novčići samo sipali, i zarađivao sam mnogo novaca. Zarađivao bih ja i više, da nisam naleteo na nekog mladog deliju ružnog lica, sakatog u obe ruke i bez jedne noge, koji se smucao istim ulicama u nekim kolicima, i ubirao više milostinje bogoradeći onako nevaspitano. Govorio je promuklim glasom, koji bi završavao cikom: „Setite se, rabi Isusa Hrista, Gospoda što se namuči zarad vaših greha! Udelite siromahu, dajte Bogu Božije!" Pa bi dodavao: „Za ime dobroga Isusa Hrista!"; što je zarađivao, čudo jedno. Dobro sam pazio, pa više nisam govorio *Hristos*, nego sam sklanjao ono *H*, pa bih tako jače dirnuo u pobožnost. Na kraju sam promenio svoje rečce, pa sam ubirao lepe pare.

Obe noge sam držao u nekoj kožnoj vreći, vezane, i nosio štake. Spavao sam u kapiji kod nekog lekara, zajedno s nekim ubožnikom ćoškarom, jednom od najvećih lopuža koje je Bog stvorio. Bio je prebogat, i bio je nešto kao naš starešina; zarađivao je više od svih; imao je jako veliku kilu, i vezivao je kanapom ruku odozgo, pa je izgledalo kao da mu je ruka naduvena i sakata, i da je u groznici, i sve to zajedno. Legao bi nauznak na svoje mesto, pa bi izbacio kilu, veliku kao kugla na ogradi mosta, i rekao: „Pogledajte siromaštvo i obilje koje Gospod šalje hrišćaninu!" Ako bi prošla žena, rekao bi: „Ah, lepa gospođo, Bog nek vam je u duši!" I većinom, kada bi im se tako obratio, davale bi mu milostinju, i prolazile su tuda iako to nije bio put kojim će stići u posetu. Ako bi prošao neki vojničić: „Ah, gospodine kapetane!", govorio je; a ako bi prošao neki drugi čovek: „Ah, gospodine plemiću!" Ako bi neko prošao u kočijama, toga bi odmah nazvao *vaše gospodstvo*, a ako bi to bilo svešteno lice na mazgi, rekao bi *gospodine arhiđakone*. Ukratko, bio je grozan laskavac. Imao je različite načine da prosi na dan nekog sveca; toliko sam se s njim sprijateljio, da mi je otkrio tajnu uz pomoć koje smo se za dva dana obogatili. A bila je reč o tome da je ovaj siromah imao tri dečkića, koji su prosili po ulicama i krali šta stignu; njemu su polagali račune, a on je sve to sklanjao. Ušao je u tal s dva dečkića koji su prosili za crkvu, i uzimao ušur od svega što bi ovi iskamčili. Ja sam preuzeo isto lukavstvo, i on me je upoznao s odgovarajućim svetom.

Za manje od mesec dana uštedeo sam više od dvesta reala. I na kraju mi je priznao, u nameri da krenemo zajedno, najveću tajnu i najvišu veštinu za koju prosjak može znati, pa smo je zajedno sprovodili. A to je bilo da smo svakodnevno krali decu, po dvoje, četvoro, petoro; dobošar bio izvikivao da ih traže, a mi bismo došli da pitamo kako izgledaju, i govorili smo: „Svakako, gospodine, sreo sam ga u toliko i toliko, i da nisam bio tu, zgazila bi ga kola; kod kuće je." Platili bi nam što smo ga našli, pa sam se ja toliko obogatio da sam nakupio pedeset škuda, i noge su mi ozdravile, mada sam ih još nosio umotane u krpe.

Odlučio sam da napustim prestonicu, i da krenem za Toledo, gde niti sam ja koga poznavao, niti je mene iko znao. Na kraju se rešim; kupim mrku odeću, okovratnik i mač, i oprostim se od Valkasara, a to je bio onaj prosjak o kojem sam govorio, pa krenem po krčmama da tražim čime ću za Toledo.

GLAVA IX

U kojoj postaje glumac, pesnik i opatički udvarač

U jednom svratištu naiđem na glumačku družinu koja je išla u Toledo. Imali su troja kola, i Bog htede da se među njima nađe i jedan koji je bio moj drug u Alkali, pa je pobegao i postao glumac. Rekoh mu koliko mi je važno da tamo odem i da napustim prestonicu; od one posekotine, čovek me je jedva prepoznao, i samo se krstio zbog mog ožiljka. Na kraju mi ukaže prijateljstvo, zarad mog novca, i od ostalih izmoli mesto da i ja krenem s njima.

Putovali smo izmešani muškarci i žene, i jedna od njih, igračica, koja je takođe tumačila kraljice i ozbiljne uloge u komediji, učini mi se velika seka-daša. Njen muž se zadesio pored mene, i ja mu, ne misleći s kim razgovaram, ponesen željom za ljubavlju i uživanjem u njoj, rekoh: „Kako s ovom ženom treba razgovarati da bismo na njenu milost potrošili nekih dvadeset škuda, jer mi se čini baš zgodna i lepa?" „Nije na meni da to kažem ni o tome da raspravljam (reče onaj čovek) ja sam njen muž, ali bez strasti, pošto me nikakva strast ne trese, s njom se može potrošiti svaki novac, jer takvo telo ne hoda po zemlji, i na svetu nema takve veseljakinje." Kad to reče, on iskoči s kola i pređe u druga, kako je izgledalo, da mi pruži priliku da s njom razgovaram.

Dopao mi se čovekov odgovor, pa shvatim da bi ga mogla dati samo neka od onih budala koje se drže preporuke svetog Pavla da oni koji imaju žene budu kao oni koji nemaju, i još tu izreku zlonamerno izvrću. Iskoristim priliku, obratim joj se, i ona me upita kuda idem, i štošta o mom životu. Na kraju, posle mnogo reči, dogovorimo stvar za Toledo. Mnogo smo se zabavljali tokom puta.

Ja za svaki slučaj počnem da glumim odlomak iz komedije o svetom Aleksiju, kojeg sam se sećao iz mladićkih dana, i odglumim tako da im se to veoma dopalo. A pošto su znali, po onome što sam rekao svom prijatelju iz družine, za moje muke i nedaće, upitaše me hoću li da im se pridružim. Toliko su mi hvalili život putujućih glumaca da ja, pošto mi je bio potreban oslonac, i pošto mi se devojka dopala, ugovorim s vođom družine na dve godine. Potpišem da ću ostati s njim, i on mi dade moj deo i uloge. U to stignemo u Toledo.

Dali su mi da naučim tri-četiri pesme pohvalnice, i uloge staraca duge brade, koje su se dobro slagale s mojim glasom. Ja se potrudim oko svega, i smesta naučim prvu pohvalnicu. Bilo je to o nekom brodu, kao i obično, koji se vraćao razbijen i bez zaliha; bilo je tu onoga „evo luke", ljude sam nazivao „senat", molio za milost zbog greha i ćutanja, i povukao se. Umereno su mi pljeskali, i na kraju sam u pozorištu dobro prošao.

Prikazivali smo komediju nekog našeg glumca (a ja sam se začudio da su oni pesnici, jer sam smatrao da je pesnik čovek veoma učen i mudar, a ne neka tako velika neznalica).

Već je dotle došlo da nema glumačkog vođe koji ne piše komedije, niti glumca koji nije napravio svoju farsu o Mavarima i hrišćanima; a ranije, sećam se, ako komediju nije napisao Lope de Vega ili čuveni pisac fra Alonso Ramon, nije bilo ničega drugog.

Ukratko, prvog dana je prikazana komedija, i niko je nije razumeo; drugog dana počnemo, a Bog je tako hteo da počinje ratom, i ja sam izlazio naoružan, sa štitom u ruci, jer bih inače skončao pod kišom dunja, zeleniša i tikava. Bio je to neviđen metež, a komedija je to i zasluživala, jer je u njoj bio kralj Normandije, bez ikakvog razloga odeven u isposničko odelo, a tu su bila i dvojica lakeja, da uveseljavaju; a kada se sva ta zbrka rasplela, samo je još ostalo da se svi požene i poudaju, i gotova priča. Ukratko, dobili smo što smo zaslužili.

Svi smo pesnika veoma naružili, a pre svih ja, govoreći mu da pogleda iz čega smo se izvukli, i da se stidi. On mi reče da se kune Bogom da u komediji nema ničega njegovog, nego je jednu scenu uzeo od jednog, drugu od drugog, i tako napravio ovu siromašku kabanicu, svu od zakrpa, i da je šteta samo u tome što je sve loše skrpljeno. Priznao mi je da su glumci koji pišu komedije uvek prinuđeni da se vraćaju na isto, jer koriste sve što su ikada glumili, i da je sve to veoma lako, i da se zarad koristi od zarade tri-četiri stotine reala izlažu svoj toj opasnosti; drugo, pošto stalno prolaze kroz takva mesta, dolaze im svakojaki da im čitaju svoje komedije: „Uzmemo da vidimo kakve su, ponesemo ih sa sobom, pa dodamo neku budalaštinu, sklonimo nešto dobro rečeno, i kažemo da je naša." I priznade mi da nikada nije bilo glumca koji bi umeo makar jednu koplu da sastavi na drugi način. Ta mudrolija nije mi se učinila loša, i priznajem da sam joj se priklonio, jer sam u sebi osećao malo pesničkog dara; a tim pre što sam neke pesnike i poznavao, i što sam čitao Garsilasa; tako se rešim da se bacim na umetnost. I uz ovo, i još glumicu, i moju glumu, provodio sam život. Prođe mesec dana otkako smo došli u Toledo, i prikazujući dobre komedije i ispravljajući greške iz prošlosti, već sam stekao ime, i tako postigao da me zovu Alonsete, jer sam rekao da se zovem Alonso; a nadenuli su mi i ime *Surovi*, jer je takav bio jedan lik koji sam glumio, na veliko oduševljenje publike na stajanju i proste gomile. Imao sam već tri para odela, i dolazili su mi glumačke vođe koji su hteli da me odvuku od ove družine. Pričao sam o tome kako se razumem u komediju, ogovarao sam slavne umetnike, prekorevao Pinedove pokrete, zaklinjao se u Sanćesovu smirenu prirodu, Moralesa nazivao osrednjim; od mene su tražili da kažem mišljenje o ukrasima, da smišljam izgled pozornice. Ako bi došao neko da nam pročita svoju komediju, ja sam bio taj koji bi je saslušao.

Na kraju, ohrabren svom tom hvalom, izgubih devičanstvo kao pesnik, napisavši romansu, pa onda napravim međuigru, i nije ispalo loše. Odvažim se na komediju, i da mi ne bi promaklo da to bude nešto božansko, napravim je o Našoj Gospi od Rosarija. Počinjala je uz svirale, imala je svoje duše u čistilištu i đavole, što je tada bilo na ceni, vikali su „bu, bu" kad bi izlazili i „grr, grr" kad bi ulazili; u ovom mestu veoma su voleli Satanino ime u koplama; pa onda rasprave o tome da li je pao s neba, i tako dalje. Ukratko, moja komedija je bila prikazana, i veoma je dobro ispala.

Nisam imao dovoljno ruku da sve uradim, jer su mi dolazili zaljubljeni, jedni za stihove o obrvicama, drugi o očima, neki za sonet o rukama, neki za romansu o kosama. Svaka stvar imala je svoju cenu, mada, pošto je bilo i drugih radnji, da bi dolazili kod mene, ja sam radio jeftino. Hoćete božićne pesme? Sve je vrvelo od crkvenjaka i opatičkih sluškinja; slepci su me izdržavali već samim molitvama, po osam reala za svaku, i sećam se da sam tada napisao onu o Pravednom Sudiji, ozbiljnu i zvučnu, koja je pozivala na milosrđe. Za nekog slepca, koji ju je objavio pod svojim imenom, napisao sam one čuvene, što počinju:

> Majko Reči čovečanske,
> Kćeri Oca božanskog,
> Devičansku mi blagodat, itd.

Prvi sam uveo običaj da se kople završavaju kao besede, s onim „na zemlji hvala, na nebu slava", u onoj kopli o zatočeniku u Tetuanu:

> Molimo se bez zavisti
> Caru nebeskom bez mrlje,
> Da uvidi našu smernost,
> Da nam poda milost svoju,
> A potom na nebu slavu. Amin.

Plovio sam punim jedrima uz sve ove stvari, bogat i uspešan, i tako dalje, da sam bezmalo već poželeo da imam svoju glumačku družinu. Kuća mi je bila jako lepo uređena, jer sam iskoristio đavolsku veštinu kako bih dobio jeftine tapiserije, a to je bilo da sam kupovao tepihe i krpare iz konačišta i kačio ih po zidovima. To me je koštalo dvadeset i pet ili trideset reala, i lepše je bilo gledati ih, nego one koje ima Kralj, jer se kroz njih štošta i videlo, kroz poderotine, a kroz one druge se ne bi videlo ništa.

Jednoga dana desi mi se najbolja stvar na svetu, koju, mada je to bila uvreda za mene, ipak moram da ispričam. Onoga dana kada bih pisao komediju, povlačio bih se u potkrovlje, tamo boravio i tamo jeo; dolazila bi devojka sa hranom, i tamo mi je ostavljala. Imao sam običaj da pišem tako što bih glumio na sav glas, kao da sam na daskama. Uredi đavo da sam, baš u trenutku kad se devojka penjala uz stepenice, koje su bile tesne i mračne, sa sve tanjirima i čorbom, ja pisao prizor o lovu, i drao se na sva usta sastavljajući svoju komediju, govoreći:

> Pazi se mede, pazi se mede,
> Rastrže me na komade,
> A sad tebe juri da pojede;

A devojka (koja je bila iz Galicije) pomislila je, pošto je čula da govorim „tebe juri" i „rastrže me", da je to istina, i da je upozoravam. Nada se u bekstvo i, onako zbunjena, saplete se o suknje, skotrlja se niz celo stepenište, prospe čorbu i polomi tanjire, pa iziđe na ulicu zapomažući, govoreći da neki medved ubija nekog čoveka. Ma koliko brzo da sam dotrčao, već se ceo komšiluk okupio raspitujući se za medveda; čak i kada sam im ispričao da je u pitanju devojčino neznanje, jer je to bilo nešto što sam ispričao u komediji, ni tako nisu hteli da poveruju. Tog dana nisam ručao. To saznadoše moji drugovi, pa se priča raširila po gradu. Mnogo mi se takvih stvari dogodilo dokle sam istrajavao u pesničkom zanatu i dok se nisam izvukao iz teškog položaja.

Dogodi se, dakle, da su mome glumačkom vođi (a takvi uvek isto završavaju) znajući da mu je u Toledu dobro išlo, sve zaplenili zbog ne znam kakvih dugova, i strpali ga u zatvor, posle čega smo se svi razišli, i svako krenuo na svoju stranu. Ja, ako ćemo pravo, mada su drugovi hteli da me povedu u nove družine, pošto nisam nameravao da se bavim tim zanatom i pošto sam se time bavio iz nužde, pošto sam imao novaca i dobro se obezbedio, samo sam mislio kako da se zabavim.

Oprostio sam se od svih; oni otidoše, a ja, koji sam smatrao da sam se spasao lošeg života time što više nisam bio glumac, ako se Vaša Milost neće uvrediti, dadoh se u ljubavnike sa mrežicom, kao kapica, ili, da kažem jasnije, u Antihristove naslednike, a to je isto što i opatički udvarač. Došao sam u priliku da se time bavim zato što je jedna opatica, na čiju sam molbu napravio mnogo slavskih pesama, toliko zavolela jedan moj telovski autosakramental, kada me je videla kako glumim svetog Jovana Jevanđelistu (a i sama je bila iz njegovog reda). Brižljivo me je mazila i pazila, i rekla mi da joj je samo žao što sam komedijaš, pošto sam se pretvarao da sam sin velikog gospodina, pa se sažalila na mene. Na kraju se odlučim, i napišem joj sledeće:

Pismo

„Više zato da bih ugodio Vašoj Milosti nego zato da bih činio što je meni drago, ostavio sam glumačko društvo; za mene je svako osim vašega samoća. Utoliko ću sada više biti vaš, što sam više svoj. Javite mi kada će biti poseta, pa ću tačno znati kada ću imati zadovoljstvo", itd.

Poruku sam poslao po sluškinji; ne možete ni zamisliti koliko je dobra monahinja bila zadovoljna kad je saznala za moj novi položaj. Odgovorila mi je ovako:

Odgovor

„Zbog lepih događaja kod vas, pre očekujem da vi meni čestitate, nego ja vama, i bolelo bi me kada ne bih znala da su moja volja i vaša korist jedno te isto. Možemo reći da ste došli sebi; sada vam ostaje još samo istrajnost, koja će moći da se meri s onom koju ću ja imati. Sumnjam da će posete biti danas, ali nemojte propustiti da dođete, Vaša Milosti, na večernje, jer ćemo se tamo videti, a potom, za posetu, možda ću moći da smislim neki izgovor za nadstojnicu. I zbogom", itd.

Poruka me je obradovala, jer je ta opatica zaista bila bistra i lepa. Ručam, i obučem odelo u kojem sam obično igrao ljubavnike u komedijama; odem pravo u crkvu, pomolim se, pa onda počnem da prelazim okom preko svakog okca i rupice na mrežici, da vidim hoće li se pojaviti; kad je hteo Bog, i u dobri čas – ili bolje da kažem, đavo, i u zao čas – začujem stari znak: počne da se nakašljava, nakašljavam se i ja; nakašljali smo se tako do mile volje. Pravili smo se da smo prehlađeni, pa je izgledalo kao da su po crkvi biber posuli. Na kraju se umorim od kašljanja, kad kroz mrežicu proviri neka starica, sve kašlje, pa ja uvidim svoju nesreću (to je jako opasan znak po samostanima; za devojke je znak, a za starice navika, i čovek pomisli da je to slavujeva pesma, kad ono ispadne svračije graktanje).

Dugo sam ostao u crkvi, sve dok ne poče večernje. Sve sam odslušao, jer opatičke ljubavnike i zovu „svečani ljubavnici" zato što toliko idu na večernja, ali im stalno i svira povečerje, i čekaju, a nikako da im svane.

Ne biste poverovali koliko sam večernja odslušao. Imao sam dva lakta dužu šiju nego kad je ljubav počela, od čistog istezanja da vidim; postao sam veliki prijatelj crkvenjaka i crkvenih momaka, i vikar me je jako lepo primao, a on je bio čovek od duha. Bio sam toliko ukočen, da je izgledalo kao da sam ražnjeve doručkovao i strele ručavao.

Odlazio sam u posetu, i tamo, pošto je to bio prilično prostran trgić, trebalo je poslati nekoga da zauzme mesto u dvanaest, kao za novu komediju: sve je vrvelo od odanih vernika. Na kraju sam se smestio kako sam znao i umeo; a trebalo je doći pa videti, kao kakvo čudo, razne položaje ljubavnika. Jedan bi netremice gledao, stavivši ruku na mač, a drugom držeći brojanicu, i izgledao je poput kamenog kipa na grobnici; drugi, podignutih ruku koje je raširio kao serafim, primajući rane; neki, opet, zinuvši jače od neke narikače, ne progovarajući ni reč, pokazivao je kroz ždrelo voljenoj svu svoju utrobu; onaj bi, priljubljen uza zid, pritiskajući svojim teretom cigle, izgledao kao da podupire ćošak; neki bi se šetao kao da bi trebalo da ga vole zbog držanja, kao nekog pevca; neki, s pisamcetom u ruci, kao lovac s mesom, izgledao je kao da doziva sokola. Ljubomorni su bili priča za sebe; među njima, jedni su se skupljali u gomilice, smejali se i gledali žene; drugi su čitali stihove i pokazivali im ih; neki bi, da bi podstrekao ljubomoru, šetao po trgiću držeći neku ženu pod ruku; a neki bi razgovarao s krišom poslatom sluškinjom, koja bi mu donela poruku.

To je bilo na donjoj, našoj strani, ali na onoj gornjoj, gde su bile opatice, takođe je bilo stvari koje je trebalo videti; galerija je bila prava mala kula, sva puna rešetaka, i jedan zid imao je vezene proseke, što je čas izgledalo kao posuda s peskom za sušenje mastila, čas kao bočica s mirisom. Na svakom otvoru sve je vrvelo od nišanskih rupa; ovde se videla neka gomilica svega i svačega, ovde ruka, tamo noga; na drugom mestu bilo je subotnjih otpadaka, glava i jezika, mada nigde nije bilo mozga; na trećem mestu izvirivala je sitničarska torba; jedna je pokazivala brojanicu, druga mahala maramicom, ovamo je visila rukavica, tamo zelena traka. Jedne su govorile nešto glasnije, druge su kašljale; neke su dozivale kao prodavci šešira kad prodaju svoju robu, pružale prste poput pauka, i coktale.

U leto je trebalo videti kako ne samo da se na suncu greju, nego se i smude; prava divota kad vidiš žene onako sirove, a muškarce ovako zagorele. Zimi, s vlagom, ponekom od nas na telu nikne rastinje, prava šuma. Nema tog snega koji bi nam izmakao, niti kiše koja bi nas zaobišla; i sve to, na kraju, samo zato da bismo videli neku ženu kroz rešetke i staklo, kao svetačke mošti. To ti je kao da se zaljubiš u štiglica u kavezu, ako se raspriča, a ako ćuti, kao u neku sliku. Njihova je milost sva u obećanju, nikad u ispunjenju, samo pipkanje prstima, bez džaranja. Nabiju glave u rešetke, i šapuću slatke reči kroz prozorčiće. Vode ljubav kao da igraju žmurke. A da samo vidite kako tiho govore, kao da se mole! Treba istrpeti staricu koja te grdi, vratarku koja zapoveda i sluškinju koja te laže! A što je najbolje od svega, koliko su samo ljubomorne na žene s ove strane, kako govore da je istinska ljubav samo njihova, i kakve sve đavolske razloge nalaze da to i dokažu.

Na kraju sam već počeo nadstojnicu da zovem „majko", vikara „oče", crkvenjaka „brate": eto na šta, tokom vremena, spadne očajan čovek. Počeše da me ljute sluškinje koje me šalju kući i opatice koje me dozivaju sebi. Pomislio sam koliko me skupo košta pakao, koji drugi u ovom životu dobijaju onako jeftino, lagodnim putem. Video sam da sebe osuđujem u pregrštima, i da srljam u pakao zarad pukog dodira. Ako bih govorio, imao sam običaj, da me drugi što stoje uz rešetke ne bi čuli, toliko da uz njih priljubim glavu, da bih dva sledeća dana nosio gvožđe utisnuto u čelo, i govorio kao sveštenik koji izgovara reči osveštanja. Nije bilo nikoga ko bi me video, a da ne kaže: „Proklet bio, budalo opatička!", i druge, još gore stvari.

Zbog svega toga počeh da se predomišljam, i bezmalo sam bio spreman da ostavim opaticu, pa makar zbog toga izgubio nasušni hleb. I odlučio sam se na dan svetog Jovana Jevanđeliste, jer sam na kraju saznao koje su te opatice. A Vaša Milost ne bi ni želela da čuje ništa više od toga da su one Krstiteljeve sve namerno promukle, i progovorile takvim glasovima da su, umesto da pevaju misu, počele da je jecaju; nisu umivale lica i oblačile su se u staro. A odani službenici Krstiteljevih, da bi poništili slavlje, doneli su klupice umesto stolica u crkvu, i mnoštvo probisveta s ulice. Kad sam video da se jedne mole jednom svecu, a druge drugom, i zato se nepristojno ophode prema njima, uzmem od svoje opatice, pod izgovorom da ću ih dati na lutriju, pedeset škuda u ručnom radu, svilenim čarapama, vrećicama s ambrom i slatkišima, te krenem za Sevilju, strahujući da ću, ako još budem čekao, još i madragoru videti kako niče iz rešetaka.

Šta je opatica učinila zbog svojih osećanja, više zbog onoga što sam joj odneo, nego zbog mene samog, neka sam smerni čitalac zamisli.

GLAVA X

O tome šta se dogodilo u Sevilji,
sve dok se nije ukrcao za Indije

Put od Toleda do Sevilje prešao sam srećno, jer, pošto sam već bio upućen u varanje na kartama, i nosio sa sobom kocke napunjene novom smesom, za manje i za veće, te sam u desnoj ruci držao jednu kocku (mada je nosila četiri, snela bi samo po tri) nosio sam velike zalihe kartona da od njih uzduž i popreko pravim obeležene karte, pa mi tako novac ne bi izmicao.

Ostavljam po strani mnoge druge smicalice, jer kada bih sve nabrojao, pomislili bi ljudi da zbog njih treba da me smaknu. A i zato što bi to bilo davanje, a ne samo navođenje primera za poroke od kojih ljudi treba da se čuvaju. Ali ako bih možda ispričao gdekoju dosetku i način govora, neznalice bi postale upućenije, pa oni koji bi čitali moju knjigu ne bi dopustili da budu prevareni sopstvenom krivicom.

Nemoj se uzdati, čoveče, u to što ćeš doneti svoj špil, jer će ga zameniti dok si useknuo sveću. Čuvaj karte da ih ne pipkaju, ne daj da ih grebu niti glačaju, jer se tako poznaju obeležene karte. Ako si kojim slučajem vrdalama, čitaoče, zapamti da, u kuhinji i u štali, karte obeležavaju tako što ih probodu iglom ili ih presaviju, da bi ih po tome prepoznali. Ako imaš posla s poštenim ljudima, čuvaj se karte, jer ona je od kada je odštampana, u grehu začeta, a ako joj je hartija presavijena, sama kaže šta je na njoj. Ne uzdaj se ni u čistu kartu, jer onaj ko jednu pokaže, drugu sakrije, i kod takvog je i ono najčistije opet prljavo. Pazi da, kad igraš kartetu, onaj ko deli ne presavije jače karte sa slikama, jer takvo savijanje znači da će tvoj novac biti sahranjen. U primeri, pazi da ne stave odozgo one koje baci onaj ko deli, i pako je taj Alonso Alvares, upitah, kad svi toliko žale zbog njegove smrti?" „Beše to momčina", reče jedan, „pravi borac, delija, junačne mišice, dobar drug. 'Ajde, van sebe sam od besa, trista mu muka!"

Na to iziđosmo iz kuće u lov na stražarske pomoćnike. Ja, pošto sam se odao vinu i pod njegovu zaštitu stavio sva svoja čula, nisam ni primetio kakvoj se opasnosti izlažem. Stigosmo do ulice Mar, gde nas presretne straža. Nisu je čestito ni opazili, kad isukaše mačeve i nasrnuše na njih. Ja uradim isto, i oslobodim dva stražarska tela od njihovih prokletih duša, pri prvom hvatanju ukoštac. Stražar podiže pravdu na noge, pa pobeže uz ulicu, zapomažući. Nismo mogli za njim, pošto smo bili dobro naćefleisani. Na kraju se dokopamo Velike Crkve, gde se sklonimo od strogosti pravde, i odspavamo dovoljno da nam ispari vino koje nam je ključalo u ćupama. Kad se ponovo prizvasmo pameti, prestravio sam se kad sam video da je pravda izgubila dva stražarska pomoćnika, a stražar pobegao od vinskog grozda, kakvi smo mi bili.

U crkvi smo prošli zapaženo, jer privučene mirisom pobeglica, navališe suložnice, i skidoše i košulju s leđa, samo nas da ogreju. Dopala mi se Kreja; ponovo me je odenula u svoje boje. Prijala mi je jako, bolje nego i jedna u životu; tako rešim da s Krejom zaplovim po burnom moru čežnje sve do smrti. Naučim se lupeškim običajima, i za nekoliko dana postanem rabin drugim vrdalamama.

Pravda nije odustajala od potrage za nama; smucali su nam se oko vrata, ali i pored svega, od ponoći pa nadalje, smucali smo se mi, prerušeni. Kad videh da ova stvar predugo traje, i da me zla sreća goni (ne zato što sam se pokajao, jer toliko pametan nisam, nego od umora, kao tvrdokorni grešnik) odlučim, posavetovavši se najpre s Krejom, da zajedno s njom pređem u Indije i da vidim da li će mi se, kad promenim svet i zemlju, sreća popraviti. I bilo mi je još gore, kao što će Vaša Milost videti u drugom delu, jer nikada neće biti bolje onome ko samo promeni mesto, a ne i život i običaje.

O PISCU I DELU

Božiji čovek i đavolji čovek, uticajna osoba koja je imala upliva na državnu politiku, Fransisko de Kevedo (1580–1645) najnemilosrdniji je humorista svoga vremena. Široke kulture, ovaj izuzetno plodan pisac ostavio je za sobom više asketskih, filozofskih i političkih dela. Na početku se javio pre svega kao pesnik: pedeset i jedan sonet, jedan madrigal i četiri idile upućeni izvesnoj dami koju je voleo dvadeset i dve godine mada mu ona nije uzvraćala, imaju izvesnu srodnost s Petrarkinim sonetima. Njegove romanse nadmetale su se s onima koje je pisao Lope de Vega, pisao je satire protiv prevarenih muževa, lekara, poslastičara. Kevedo je rano pošao u rat protiv kultističke poezije i uticaja kultističkih pesnika, i samog Gongore, „što su i žene pretvorili u precioze". Protiv njih je napisao delo *Culta latiniparla*, koje podseća na Molijerove *Smešne precioze*, i „recept kako da napravite *Samoće* za jedan dan". Zahvaljujući *Žitiju Vrdalame* i *Snoviđenjima*, Kevedovo ime izišlo je izvan granica Španije. U prvoj verziji satiričnih pripovesti naslovljenih *Snoviđenja*, Kevedo je toliko oštro izvrgavao ruglu crkvu, da je morao da oštricu ublaži time što je Bogu i đavolu dao mitološka imena. Kevedovi likovi su jednako čudovišni kao i stvarnosti koje simbolizuju, on grotesku i ružno dovodi do vrhunca. I to je odlika baroka: kroz igre i šalu na račun smrti, Kevedo otkriva izvestan savršeno španski stoicizam.

Žitije Vrdalame je sarkastičan i pesimističan pikarski roman u kojem ovaj veliki satiričar za junaka uzima ciničnog i amoralnog pikara. Nijedno Kevedovo delo nije toliko doprinelo njegovoj popularnosti. Možda bi i sam taj roman, da nije ništa drugo napisao, bio dovoljan da Kevedo ostane značajno ime španske književnosti. U poređenju s drugim pikarskim romanima, *Žitije Vrdalame* predstavlja zaseban svet. On nije jedinstven ni po temi, niti po bilo kojem posebnom predmetu ili iskustvu, već isključivo po stilu, to jest, kao književna tvorevina. Ovde Kevedo, u meri u kojoj to nije radio ni u *Snoviđenjima*, niti u satiričnim i prigodnim delima, ulaže svu svoju veštinu u stvaranje karikatura, u izobličavanje likova i gomilanje grotesknih crta. Veliki poznavalac Kevedovog dela Fernando Lasaro Kareter beleži da Kevedo u *Žitiju Vrdalame* „ima gotovo demonsku želju da pokaže svoju oštroumnost, i to stalno ističe. Po toj glavi još se ne motaju ni moral ni pesimizam".

Kevedo stvara bošovske prilike i situacije: karikatura naglašava stvarnost do krajnjih granica ističući groteskno, autor uživa u stvaranju iskrenutih slika. Sve može poslužiti da se napravi farsa. Pablos govori o užasnim stvarima s ledenom ravnodušnošću, bez obzira na to da li je reč o smrti pogubljenog oca, čije delove tela nalazi rasute po putu, ili o piti od ljudskog mesa koja se jede u ujakovoj kući. U njegovim rečima svejedno se ne može nazreti nikakva emocija: svet je pun gada, svi ti pokvarenjaci, dželati, podvodači, sav onaj niz udaraca, nasilja i prljavštine, za Pablosa predstavljaju samo zabavne prizore. „Kevedo gleda kroz prizmu koja izobličava i izdvaja; polje koje on posmatra kao da je osvetljeno hladnom laboratorijskom svetlošću", veli Lasaro Kareter. Keveda je njegov radikalan i apsolutan skepticizam naveo da napiše: „Svaki čovek je laž, s koje god strane da ga pogledaš, osim ako je neznalica kao ti što si, pa veruje u privide." Upravo taj skepticizam jeste izvor neljudske hladnoće s kojom Pablos izvrgava ruglu sve oko sebe. *Žitije Vrdalame* je tekst preciznog, agresivnog izraza, izvanredno smelih obrta i jezičkih igrarija.

U vreme kada Kevedo piše svoj pikarski roman, u Španiji već postoje klasična dela ovog žanra: *Gusman od Alfaraćea* Matea Alemana uživa izuzetnu popularnost i između 1599. i 1604. objavljena su 23 poznata izdanja ovog romana, *Lasariljo iz Tormesa* preštampan je više puta. Kako tvrdi Lasaro Kareter, *Gusman* je „ostavio snažan utisak na Keveda i izazvao njegovo nezadovoljstvo": *Žitije Vrdalame* pridržava se nepisane poetike koju ovi romani uspostavljaju. To je autobiografija osobe čiji je život predstavljen kroz niz epizoda i susreta s različitim tipovima ljudi. Kevedo ovde nije tražio originalne anegdote, jer temeljne epizode u njegovom romanu imaju savršeno jasne prethodnike, odmah prepoznatljive njegovim savremenicima, bilo da su to drugi pikarski romani, ili folklor. Nije u tome originalnost Kevedovog dela. *Žitije Vrdalame* je delo neobično i izvanredno originalno po svome jeziku.

U *Žitiju Vrdalame* karnevalska atmosfera i asocijacije naglašavaju aspekt privida i varke koji predstavljaju osnovni pokretač teksta. „Igra reči ima ulogu da rasprši iluziju. Uspostavljajući između reči odnose koji poništavaju svaku stvarnost i svaku logiku, stvarajući jednu, da tako kažemo, 'intralingvistiku' ograničenu na polje jezika (dakle nestvarnost sa stanovišta spoljašnjeg u odnosu na jezik) igra reči pokazuje se kao savršeno prikladna da izazove varljivost i privide...", kaže Leo Špicer, i dodaje: „Jedna od značajnih crta Kevedove zaprepašćujuće zlobe jeste način na koji koristi deminutive; oni, uglavnom, daju nijansu ljubaznosti i poverenja između likova; Kevedo ih upotrebljava upravo onda kada taj osećaj ljubaznosti i poverenja treba da podstakne, ili čak proizvede zabludu."

Mnogi kritičari ukazivali su na Kevedov rečnik i stil, koji pružaju „amoralno živahnu virtuoznu predstavu virtuoza amoralnog života", kako je *Žitije Vrdalame* opisao Špicer. *Žitije Vrdalame* je izvanredno intenzivno književno delo: u njemu su prisutni modeli, opšta mesta, figure potekle iz tradicije, što ih Kevedo koristi kao materijal, uvodeći književnost u stvarnost svog romana. Komično-karnevalska struja, kojoj roman pripada, uvedena je već od vremenskih naznaka vezanih za karneval i slavlja koja se organizuju uoči posta. Niz epizoda obeležen je takvim datumima: anegdota s Pontijem Agireom događa se u vreme Božića; epizoda s carom pevaca pada na dan koji se zove „masni" ili „slaninjavi četvrtak". U svakoj od tri knjige opisana je po jedna večera koja predstavlja parodiju na Tajnu večeru, sledi i „burleskna gozba", stalno su prisutne teme izbacivanja izmeta i povraćanja. Skatološki elementi rasuti su po celom tekstu i predstavljaju neprekidan niz karnevalskih naznaka. Ključna epizoda, ipak, jeste ona sa carom pevaca, jer je reč o izričito karnevalskoj tradiciji, ali se taj tekst vezuje i za represivnu praksu Inkvizicije i običaja da se osuđenici izvrgavaju ruglu na javnim mestima i ulicama. Ova shema ponavlja se u više navrata u celoj pripovesti.

Uglavnom se pretpostavlja da je Kevedo napisao prvu verziju *Žitija Vrdalame* 1603–1604. godine. Tekst je prvi put objavljen tek 1626, a u međuvremenu je bio umnožavan u rukopisnim verzijama. Postoji i pretpostavka da je autor između 1611. i 1614. godine napravio neke izmene u tekstu, i da je to verzija sačuvana u rukopisu koji je poznat pod nazivom rukopis B ili rukopis Bueno, na kojem se zasniva kritičko izdanje Edmonda Krosa iz 2002. godine prema kojem smo radili naš prevod. Sačuvano je tri rukopisa *Žitija Vrdalame*. Rukopis B, verovatno apograf, koji se čuva u Fondaciji Lasaro Galdijano, predstavlja verziju najbližu originalu. Veoma je teško utvrditi izvornu Kevedovu verziju.

Kevedo je napisao *Žitije Vrdalame* kao veoma mlad, verovatno ubrzo po dolasku u Valjadolid, kada je pikarski roman izuzetno čitan i popularan. Roman je čitan u dvorskim i književnim krugovima i sve više izlazio na glas. U prvoj polovini sedamnaestog veka, između 1626, godine prvog štampanog izdanja, i 1650, izišlo je 11 izdanja *Žitija Vrdalame*. U moderno vreme, od 1850. do poslednje decenije XX veka, pojavilo se dvadesetak kritičkih izdanja ovog dela. Dugo, sve do početka devedesetih godina, izdanje Fernanda Lasara Karetera bilo je najpouzdanije, i na osnovu njega su rađena mnoga kasnija kritička izdanja i prevodi na druge jezike. Lasaro Kareter je pošao od pretpostavke da je Kevedo kasnije prerađivao *Žitije Vrdalame*, i da druga dva sačuvana rukopisa, rukopis iz biblioteke španskog poligrafa iz XIX veka Menendesa i Pelaja u Santanderu (rukopis S) i rukopis sačuvan u zaostavštini bibliofila Rodrigesa Monjina (rukopis C) predstavljaju neku vrstu „mosta" između rukopisa B i štampanih verzija, ali su bliži ovim potonjim.

Godine 1626, više od dvadeset godina pošto je roman napisan, Kevedova slava dovela je i do prvog objavljivanja nekih ranih dela, među kojima i *Žitija Vrdalame*. Pojavilo se štampano u Aragonu, Valensiji i Kataloniji, preplavivši tržište. Istraživači su napisali veliki broj rasprava o tome da li je ovo izdanje objavljeno bez autorovog pristanka ili je, naprotiv, Kevedo stajao iza jednog ili svih tih izdanja.

Godine 1965. Fernando Lasaro Kareter je rekonstruisao arhetipsku verziju (X) na osnovu varijanti koje nude rukopisi C i S i prvo štampano izdanje knjige, smatrajući da tako rekonstruisan tekst odgovara konačnoj volji autora; to mišljenje bilo je jednodušno prihvatano sve dok Edmond Kros nije prvi put 1988. godine objavio kritičko izdanje u potpunosti zasnovano na rukopisu B. Kros smatra da je ipak to Kevedova konačna verzija teksta. Sada je ovaj stav već široko prihvaćen. S obzirom na to da su izvesni delovi rukopisa B izgubljeni, Kros ga je upotpunio prema izdanju Lasara Karetera.

Prvi objavljeni tekst *Žitija Vrdalame* u velikoj meri se razlikuje od teksta rukopisa B. Tih godina Kevedo je prerađivao i sam cenzurisao neka svoja dela, osudio objavljivanje drugih, i tvrdio da su ona objavljivana bez njegove dozvole. Što se tiče *Žitija Vrdalame*, Kevedo nije izjavio ništa: naprosto ga nije pomenuo među malobrojnim ranim delima koja je priznao kao svoja. Verovatno je, tvrde neki istraživači, Kevedo bio iskren kada nije priznao štampano delo, s obzirom na velike razlike u tekstu koje se uočavaju u odnosu na rukopis B. Pred kraj života počeo je da priprema izdanje svojih sabranih dela, ali je umro, u septembru 1645, ne ostvarivši svoj plan.

Pojam druge redakcije teksta podrazumeva da je tekst prošao kroz određene izmene, u pojedinostima kao i u celini, kako bi bio izmenjen – na primer, zbog cenzure – ili popravljen – na primer, iz stilskih razloga. Izmene koje se nalaze u rukopisima S i C nisu, međutim, koherentne, niti se mogu neposredno vezati ni za jedan od sličnih razloga. Naprotiv, zaključak je savremenih istraživača – Edmonda Krosa, Hauraldea Poua, i drugih – da izmene potiču od različitih autora, da nema jasne namere kojom bi one bile vođene, da je tekst često dopunjavan novim aluzijama koje nikako ne bi mogle biti povlađivanje cenzuri, da su brojnije nego što bi se moglo očekivati, i da se mogu objasniti samo kao varijante ili greške nastale u prepisivanju. Prema trenutnom stanju istraživanja, reč je o dve, pa možda čak i tri alternativne verzije teksta: nijedna od njih nije popravljena verzija one druge. Delovi su izbacivani bez sistema, bez namere da se popravi struktura dela, ne vodeći računa o varijacijama koje postoje u drugim verzijama. Zato se smatra – što potkrepljuju biografski i istorijski razlozi – da ove varijante ne potiču od Keveda.

Izmene u dva kasnija rukopisa često potiču od razloga koji su inače veoma dobro poznati kada je reč o prenošenju tekstova putem prepisivanja: pojednostavljena su složena ili teška mesta, dugački odlomci svedeni na sažete verzije, opsceni ili humoristički delovi prošireni dodavanjem novih, pojedini delovi izbačeni iz konkretnih razloga cenzure, aluzije, metafore, igre rečima proširene ili objašnjene. Pablo Hauralde Pou zaključuje da je jedno ovako zabavno delo moralo biti često prepisivano, čime se stalno iznova javljala mogućnost da u njemu dođe do novih izmena.

Značaj rada Edmonda Krosa, koji je prvi objavio kritičko izdanje u potpunosti zasnovano na rukopisu B, nije u tome što bi bio dobijen neki spektakularno nov tekst, premda ima mnogih novina u pojedinostima, nego u tome što je tekst vraćen u pravi istorijski i geografski kontekst.

Kao i u mnogim španskim delima, u *Žitiju Vrdalame* odraz istorijske stvarnosti je minimalan, svodi se na detalje, aluzije i neodređena pominjanja. Istorijske činjenice od opšteg značaja svedene su u ovom delu na puke anegdote, Pablosov život nije sagrađen u izričitom i neposrednom odnosu prema svome vremenu. Usled toga, tekst je čitak i bez upućivanja na tačne podatke o istorijskim ličnostima i događajima: da bi čitalac razumeo epizodu u kojoj Pablos krade oružje stražarima, nije mu važno što je Antonio Peres bio sekretar kralja Filipa II i što ga je izdao, niti što se bitka za Ostende vodila od 1601. do 1604. godine, niti što je opsada Pariza bila 1590, niti što su Španci opljačkali Antverpen 1576, kao ni to što je Paćeko de Narvaes napisao *Knjigu o Veličanstvenosti mača* i objavio je 1600. godine. Već je iz samog Kevedovog teksta razumljivo da je Špancima osvajanje Ostendea zadavalo muka, kad se već pojavljuju razni ludaci koji pišu kralju na koji način taj problem treba rešiti. Iz priče mačevaoca saznaje koliko je sofisticirana i komplikovana bila španska nauka o mačevanju, da je uključivala i matematiku, i teologiju, muziku i mistiku, i da joj je geometrija i ocrtavanje geometrijskih oblika telom u vazduhu bila stalna tema... Zato u našem prevodu nema napomena u dnu stranice. Kevedo je ovaj roman pisao početkom sedamnaestog veka, i svakodnevna realnost toga doba mora biti daleka i neobična savremenom čitaocu. Ono što mu je blisko, međutim, jeste Kevedov jezik, majstorska jezička igra u kojoj, kao vrhom mača, tačno pronalazi metu i eskivažama doseže dalje. Kod Keveda se mehanizam burleske ne zasniva na neposrednoj stvarnosti, nego na apstraktnoj konceptualizaciji. Ono što sam nastojala da postignem svojim prevodom jeste da prenesem svu sirovost i bezočnu hladnokrvnost jezika ovog romana. *Žitije Vrdalame*, kao i sve velike jezičke tvorevine, zaslužuje da stalno bude iznova prevođeno.

Aleksandra Mančić

SADRŽAJ

KNJIGA PRVA

Glava I   U kojoj pripoveda ko je Vrdalama 9
Glava II   O tome kakva je bila škola i šta se u njoj dogodilo 12
Glava III Kako je pošao u školu kao sluga don Dijega Koronela. 17
Glava IV O oporavku i odlasku na nauke u Alkalu de Enares 24
Glava V   O stupanju u Alkalu, o pristupnini i ruglu kojem ga izvrgoše kao novajliju 30
Glava VI O gazdaričinim surovostima i vragolijama koje učini. 36
Glava VII O rastanku s don Dijegom, i o vestima o smrti majke i oca, i kakvu je odluku doneo u svojim stvarima za ubuduće. 43

KNJIGA DRUGA

Glava I   O putovanju iz Alkale u Segoviju, i šta se sve desilo na putu do Rehasa, gde je te noći prespavao. 49
Glava II   O tome šta mu se dogodilo dok nije stigao u Madrid, s nekim pesnikom 54
Glava III O tome šta je radio u Madridu, sve dok nije stigao do Sersedilje, gde je prespavao 58

Glava IV O tome kako ga je ujak ugostio, o posetama, kako je naplatio nasledstvo, i vratio se u prestonicu 68

Glava V O njegovom bekstvu, i o događajima tokom besktva do prestonice 73

Glava VI U kojoj nastavlja put, i kao što je obećano, o njegovom životu i običajima 77

KNJIGA TREĆA I POSLEDNJA PRVOG DELA VRDALAMINOG ŽITIJA

Glava I O tome šta se dogodilo u prestonici otkako je stigao, pa dok nije svanulo 85

Glava II U kojoj se nastavlja ono o čemu je početo i pripriča se o nekim čudnim događajima 89

Glava III U kojoj se nastavlja o istoj stvari, dokle svi nisu dopali tamnice 97

Glava IV U kojoj se govori o događajima u apsani, sve dok starica nije išibana, drugovi izvrgnuti ruglu, a on pušten na jamstvo................... 99

Glava V O tome kako se smestio u konačištu, i o nesreći koja ga je tamo zadesila 105

Glava VI Nastavlja se priča, uz mnoge druge događaje .. 109

Glava VII U kojoj se nastavlja o istom, uz druge događaje i nesreće koje su usledile.................. 114

Glava VIII O lečenju i drugim izvanrednim događajima . 122

Glava IX U kojoj postaje glumac, pesnik i opatički udvarač................................ 127

Glava X O tome šta se dogodilo u Sevilji, sve dok se nije ukrcao za Indije 136

O piscu i delu (Aleksandra Mančić) 141

Izdavačko preduzeće
RAD
Beograd, Dečanska 12

*

Glavni urednik
NOVICA TADIĆ

*

Lektor i korektor
MIROSLAVA STOJKOVIĆ

*

Za izdavača
SIMON SIMONOVIĆ

*

Štampa
Elvod-print, Lazarevac

Tiraž 500

Izdavačko preduzeće
RAD
Beograd, Dečanska 12

*

Glavni urednik
NOVICA TADIĆ

*

Lektor i korektor
MIROSLAVA STOJKOVIĆ

*

Za izdavača
SIMON SIMONOVIĆ

*

Štampa
Elvod-print, Lazarevac

Tiraž 500

CIP – Каталогизација у публикацији
Народна библиотека Србије, Београд

821.134.2-31
821.134.2.09-31

КЕВЕДО, Франциско де
    Žitije vrdalame po imenu Don Pablos, primernog probisveta, slike i prilike mufljuza / Fransisko de Kevedo [prevod sa španskog pogovor Aleksandra Mančić]. – Beograd : Rad, 2004 (Lazarevac : Elvod-print). – 150 str. ; 21 cm.

Prevod dela: Historia de la vida del Buscón llamado Don Pablos / Francisco de Quevedo. – Tiraž 500. – Str. 141–147: O piscu i delu / Aleksandra Mančić.

ISBN 86-09-00867-3

a) Кеведо, Франциско де (1580–1645) – „Житије врдаламе по имену Дон Паблос, примерног пробисвета, слике и прилике муфљуза"

COBISS.SR-ID 117073932

www.ingramcontent.com/pod-product-compliance
Lightning Source LLC
Chambersburg PA
CBHW071725090426
42738CB00009B/1876